高等职业教育财经商贸类专业新形态教材

职场礼仪与沟通

主　编　杨　珩　尹　彬
副主编　徐逢春　陈薇薇　区诗琳
参　编　龙　颖　何燕萍　张　捷
黄晓羽　黄　玥　龙红艳

机 械 工 业 出 版 社

为满足高职学生职业能力培养的需要，本书在“项目导向、任务驱动、教学做一体化”的指导思想下，以工作过程为导向，对传统礼仪课程内容进行优化重组，设置“职场形象设计”“职场日常交际”“职场商务交往”和“综合能力实训”四个模块。以两位即将步入职场的高职生为人物线索，以职场实际工作为背景设置仿真式项目，以仿真式任务为驱动，完成项目所需要的知识、技能和素质能力教学；同时在各项目后设计极具操作性和针对性的项目实训内容，以培养学生的实操能力。

本书为活页式教材，坚持立德树人、德计并修；同时书中配有二维码视频，配合超星学习通上建立的完整课程，完全支持线上教学与学生自学，打通纸质教材和数字化教学资源的通道，为混合式教学改革提供保障。

本书可作为高等职业教育财经商贸类专业相关课程教材，也可作为初入职场人员的学习用书及企业的培训用书。

图书在版编目（CIP）数据

职场礼仪与沟通/杨珩，尹彬主编．—北京：机械工业出版社，2022.5（2023.8重印）

ISBN 978-7-111-70779-0

Ⅰ．①职…　Ⅱ．①杨…　②尹…　Ⅲ．①心理交往—礼仪—高等职业教育—教材　Ⅳ．①C912.12

中国版本图书馆CIP数据核字（2022）第080965号

机械工业出版社（北京市百万庄大街22号　邮政编码100037）

策划编辑：邢小兵　　　　责任编辑：邢小兵

责任校对：张亚楠　贾立萍　　封面设计：王　旭

责任印制：常天培

北京宝隆世纪印刷有限公司印刷

2023年8月第1版第2次印刷

184mm×260mm・11.25印张・245千字

标准书号：ISBN 978-7-111-70779-0

定价：49.80元

电话服务

客服电话：010-88361066

010-88379833

010-68326294

网络服务

机　工　官　网：www.cmpbook.com

机　工　官　博：weibo.com/cmp1952

金　书　网：www.golden-book.com

机工教育服务网：www.cmpedu.com

序

中国素有“文明古国”“礼仪之邦”的美誉，纵观华夏五千年的灿烂历史，“礼”是我国文化的根本特征和标志，是我国传统伦理道德的核心思想。我国传统文化儒家学说的创始人孔子说：“不学礼，无以立。”儒家另一代表人物荀子也曾说过：“人无礼则不生，事无礼则不成，国无礼则不宁。”崇尚礼仪，历来就是中华民族的传统美德。

在现代社会中，礼仪对规范人们的社会行为、协调人际关系和促进人类社会和谐发展具有积极的作用。礼仪不仅是个人素质和教养的体现，也是个人道德和社会公德的体现。

一、礼仪的含义

《礼记》《仪礼》和《周礼》合称为“三礼”，是我国古代详细记载关于礼的文献，对我国礼仪文化的发展有着深远影响。不同的阶级有不同的礼仪规范，不同的地区、民族有不同的礼仪形式，不同时期的礼仪也有一定差异。随着时代的发展，礼仪在社会各阶层、各领域始终处于发展变化中。

根据产生的缘由、内容及发展变化，礼仪的含义可以表述如下：礼仪是指人们在相互交往中，为了互相尊重，在仪表、仪态、仪容、仪式、言谈举止等方面约定俗成的、共同认可的行为规范。也就是说，“礼”是指人们在交往的过程中，要互相尊重、诚恳和善、谦恭并有分寸，而“仪”是礼在语言、行为、仪态等方面的外在表现形式。

一个人在成长的过程中，如果只注重道德品质修养，而不注重礼貌、礼节、仪表的学习，举止就会显得不得体，就不会被别人认可和接受；相反，如果只注重礼貌、礼节、仪表的学习，而不注重内在道德品质的修养，也会显得虚伪浮华。只有二者并行发展，才能成为真正有教养的人、受欢迎的人。

二、职场礼仪的原则

职场礼仪是指人们在职业场所中应当遵循的一系列礼仪规范，如办公室礼仪、电话礼仪、沟通礼仪、接待访客礼仪、递交签字文件礼仪及社交场所的活动礼仪等。如何在职场中运用礼仪，发挥礼仪应有的作用，从而创造最佳人际关系状态，与遵守职场礼仪各项原则密切相关。

（一）真诚尊重原则

在与同事交往时，真诚尊重是礼仪的首要原则。真诚是对人对事的一种实事求是的态度，是待人真心实意的友善表现；尊重是指对待每个人都保持平等相待的心态和言行。只有真诚尊重，方能创造和谐愉快的人际关系，二者是相辅相成的。

（二）平等适度原则

在职场交往中，礼仪行为总是表现为双方的，平等是人与人交往时建立情感的基础，是保持良好同事关系的诀窍。遵守职场礼仪还需要适度，在一些细节问题上过分讲究会让自己和工作伙伴都感到困扰。

（三）自信自律原则

自信原则是社交活动中的一个重要原则，唯有对自己充满信心，才能在交往中不卑不亢、落落大方，才能在工作中如鱼得水、得心应手。自律原则是职场礼仪的基础和出发点，职场不同于日常家居生活，要学会自我要求、自我约束、自我对照、自我反省、自我检查。

（四）信用宽容原则

信用即讲究信誉的原则。守信是中华民族的传统美德，在职场中，尤其讲究守时和守约。宽容的原则即与人为善，宽容是一种高尚的情操，是创造和谐人际关系的法宝。对于因立场、观点、思想方法及其他方面的不同所产生的不同看法和行为，要站在对方的立场去考虑，换位思考，宽容对待。

三、职场礼仪的作用

（一）调节人际关系

在职场中，礼仪能够调节人际关系，是职场沟通的重要纽带。一方面，职场人士交往时遵守礼仪规范有助于增进彼此的情感以及友好关系的建立；另一方面，可以避免或者缓和工作中不必要的冲突和矛盾。

（二）提升个人实力

职场礼仪不仅可以有效地展现一个人的教养、风度、气质和魅力，还能提升一个人对社会的认知水平以及个人的学识、修养和价值。在复杂的人际关系中保持冷静，按照礼仪的规范来约束自己，注重细节，做事有条不紊，会得到更多的信任和发展空间。

（三）展现企业形象

现代社会中，职场礼仪已成为企业文化的重要组成部分，可以传达企业的服务态度和管理理念，从而提高企业的信誉度、服务质量，提升企业形象。学习职场礼仪也是进入社会工作时要走好的第一步。

四、学习职场礼仪的方法

（一）加强自我教育，注重自我修养

孔子云：“古之欲明明德于天下者，先治其国；欲治其国者，先齐其家；欲齐其家者，先修其身。”孔子把自身的修养同齐家、治国、平天下紧密地联系在一起。

只有不断提高自身修养和优化自身形象，做到宠辱不惊、不卑不亢、不计较得失、待人接物大方得体、己所不欲勿施于人，将来才能在竞争激烈的职场中占据一席之地。

（二）强化实践训练，培养良好习惯

职场礼仪是每个即将进入职场的高职生必修的一门课程，而且是需要实践的一门课程。高职生要想内秀外美，就必须努力进行礼仪的实践训练，在日常生活中，纠正不雅举止，训练良好的体态、规范的姿势，从自身做起，促进良好习惯的养成。

（三）找准角色定位，促进相互沟通

在当代社会，我们每一个人都扮演着不同的角色，这些不同的角色都有着不同的道德规范和行为准则。高职生在社会生活中应保持文明礼貌、尊重他人、理解他人、善于沟通，同时通过不断学习，提高自己的礼仪水平，为将来更快地适应职场环境做好准备，最终成为一名优秀的职场人士。

作者于南宁

前言

无论是职场礼仪素养还是沟通能力，都不是与生俱来的，都需要经过培养与锻炼才能形成与完善。如果将高职生的专业能力比作“硬实力”，那么礼仪素养就是“软实力”。而这种“软实力”是个人特有的、能够经得起时间考验的、具有延展性的、可持续发展的，并且是竞争者难以模仿和获取的稳定的职业能力，可以帮助个人在职业岗位上长期获得竞争优势。本书旨在帮助高职生掌握必要的职场礼仪规范和常用的职场沟通技巧，提高人际交往能力，为成为合格的职场人做好准备。

本书的特色有以下几点。

1．项目导向、任务驱动、教学做一体化

为满足高职生职业能力培养的需要，本书在“项目导向、任务驱动、教学做一体化”的指导思想下，以工作过程为导向，对传统礼仪课程内容进行优化重组，设置“职场形象设计”“职场日常交际”“职场商务交往”和“综合能力实训”四个模块。以两位即将步入职场的高职生为人物线索，以职场实际工作为背景设置仿真式项目，以仿真式任务为驱动，完成项目所需要的知识、技能和素质能力教学；同时在各项目后设计极具操作性和针对性的项目实训内容，以培养学生的实操能力。

2．活页式教材，增加教学的可变性与灵活性

本书为活页式教材，在形式上更加新颖活泼，在内容上力求精练简洁，以增加教学的可变性与灵活性。强调教学活动以学生为中心，引导学生开展有目的的学习，充分调动学生的学习主动性。同时，注重理论学习与实践之间的匹配程度，让学生的职业操作能力得到充分的锻炼以适应工作岗位的需求。

3．立体化配套资源，助力混合式教学

本书除传统的电子课件外，还配有大量数字化资源，各任务下均设有相应的教师讲解微课视频、模拟情景剧及演示动画，学生扫描书中二维码即可观看，有助于提升课堂互动性，吸引学生的注意力；同时，所有微课视频加在一起可以构成一门完整的线上课程，支持教师进行完整的线上教学或是学生自学。本书还在超星学习通上建立了完整的课程，立足打通纸质教材和数字化教学资源的通道，为混合式教学改革提供保障。相关资源可登录机工教育服务网（www.cmpedu.com）免费下载，或联系编辑（QQ：1187551606）索取。

4．坚持立德树人，弘扬传统文化

礼仪的落脚点是尊重，人与人之间的相互尊重是维系人际关系的法宝，因此本书也以此为出发点，将“尊重”的理念贯穿于课程的整个脉络之中，使学生真正意识到相互尊重在人际沟通中的重要作用。同时，落实立德树人、德计并修育人目标要求，不把礼仪教育停留在表面，突破了常规教学中重专业、轻思想，只关注礼仪动作和举止形态是否学习到位，却忽视了素质教育、正确价值观和道德观念的养成等传统教学模式。此外，本书在正文和视频中还融入了大量我国优秀的传统礼仪文化，介绍古代礼仪、引用名人典故，注意传统文化的弘扬。

本书由广西水利电力职业技术学院杨珩、尹彬担任主编，杨珩负责编写方案的设计以及全书的统稿工作。书中实景图片的拍摄和后期制作由广西水利电力职业技术学院的同学们完成。东信集团副总经理张捷担任企业导师，为本书的编写提供了丰富的资料与案例，在此表示感谢。

本书在编写的过程中参阅了许多专家学者的文献资料，吸收和借鉴了他们的研究成果，在此表示诚挚的感谢！由于礼仪知识涵盖面广，加之编者知识与经验的局限，书中难免存在错误和不足之处，诚望同仁和广大读者批评指正！

编者

二维码索引

（续）

目录

01

|模块一|

职场形象设计

项目一 运筹帷幄——敲开职场大门

知识目标

- 了解和掌握面试中常用的礼仪知识、原则及良好形象的具体表现。
- 掌握沟通技巧，在面试中能流畅地传递信息、交流思想、表达情感。

技能目标

- 能熟练掌握面试的基本礼仪。
- 能灵活运用面试中常用的表达方式及相关技巧。
- 能熟练掌握各场合的礼仪技巧，从而提高专业能力水平。

素质目标

- 引导学生树立正确的人生观、价值观、文明礼仪观。
- 能够在人际交往过程中做到律己敬人，处处讲礼仪、讲文明。
- 学会文明、优雅、谦虚、礼貌的交谈方式。
- 培养良好的心理素质。

情景导入

刘佳，女，文秘专业
求职意向：办公室文员

宋洋，男，市场营销专业
求职意向：客户专员

孔子曰："不学礼，无以立。"荀子曰："人无礼则不生，事无礼则不成，国无礼则不宁。"有人把应聘比作战场，在战场上，虽说"胜败乃兵家常事"，但有些失败本来是可以避免的，只是由于求职者的一时疏忽，才“大意失荆州”。当前人才的流动越来越频繁，求职竞争越来越激烈，怎样找到一份称心如意的工作，成为困扰高职生的一大问题。高职生除了要具备良好的专业素养外，还要掌握一些礼仪技巧，而有时礼仪甚至会起到举足轻重的作用。

项目设定与分析

面试礼仪及技巧

经过多方考察和比较，刘佳决定求职“水电集团”的办公室文员岗位，宋洋则将目光锁定在“辉煌商贸公司”客户专员岗位上。为了能在求职过程中提高个人竞争力，获得自己理想的工作，两人决定好好学习求职应聘的基本礼仪及面试相关技巧。

分析报告

用人单位除了注重求职者是否具备相关的专业知识和能力，还看重求职者在求职过程中，通过应聘资料、语言、仪态举止、仪表、着装打扮等方面体现出的内在素养。内外兼修的人才是现代化企业真正需要的人才。

建议
- 面试礼仪表现
- 面试口才表达

项目实施

任务一　面试礼仪表现

微课1　面试礼仪表现

一、面试仪表礼仪

在求职面试过程中，仪表常常左右着面试官对求职者的第一印象。求职者通过得体的服装、优雅的谈吐以及社交礼仪的恰当运用，可以展示出良好的个人形象，在求职过程中受到面试官的青睐。整齐得体的仪表不但是对他人和自己的尊重，更是自信的表现。男性与女性的形象塑造略有不同，但总体要求都是整洁美观、稳重大方。

1. 男士面试时应注意的仪表问题

（1）短发，清洁、整齐，避免过于新潮。

（2）精神饱满，面带微笑。

（3）定期清洁胡须，饭后洁牙。

（4）不留指甲，且要保持清洁并定期修剪。

（5）领带紧贴领口，保证美观大方。

（6）西装上衣平整、干净无褶皱，西裤平整有裤线。

（7）西装口袋禁止放物品。

（8）搭配白色或单色衬衫，领口、袖口无污迹。

（9）皮鞋光亮，着深色袜子。

（10）全身着装的颜色保证在 3 种以内。

2. 女士面试时应注意的仪表问题

（1）发型文雅、庄重，梳理整齐，束发，不染鲜艳的发色。

（2）化淡妆，香水应选择清新、淡雅型。

（3）牙齿清洁，无食物残留。

（4）指甲干净整洁，若上颜色，应选择自然色。

（5）着正规套装，保证大方、得体；若穿裙子，长度要适宜。

（6）若穿着丝袜，颜色应贴近肤色，并无破洞。

（7）皮鞋光亮、干净，鞋跟不宜过高。

（8）全身着装的颜色保证在 3 种以内。

温馨提示

根据所应聘的工作性质和类型来确定自己的穿着，这是一个较为稳妥的做法。不同职业对个人的着装要求也是有差异的，因此，求职者的穿着最好是与所应聘工作的性质和环境协调一致，可以参照招聘单位职员平时的穿着习惯来决定面试时的穿着。但是也要切记，任何着装都应保持干净、整洁，体现出对面试的重视，避免着装过于随意的情况发生。

二、面试过程礼仪

面试是求职过程中最重要的一个环节，求职者需要在短时间内赢得面试官的认可才能顺利得到期待的工作。因此，在面试过程中的各环节上展现出应有的礼仪素养尤为重要。

1. 提前到达

提前 10 分钟到达面试场地效果最佳，可以利用空余时间整理仪容仪表，还可以利用这段时间调整心态，让自己显得精力饱满，面试时给面试官留下积极向上的良好印象。在面试时迟到或是匆忙赶到都是不可取的行为，而过早到达也会被视为缺乏时间观念。

2. 安静等候

到达面试地点后，不能因为过于好奇或是兴奋而走来走去、东张西望，这样会显得很不稳重；也不要在外面与人高谈阔论或是大声打电话，这样会影响他人准备和思考问题，也会分散屋内求职者的注意力。此时求职者应耐心等候，保持安静及正确的坐姿，平复激动或焦虑的心情，以便能够以良好的状态来应对接下来的面试。

3. 大方进入

在进入面试室前应先敲门，即使面试房间的门是虚掩的，也要先敲门，得到室内人员允许后方可进入。进入室内后，应先与面试官打招呼，并半转身轻声将门关上。当听见面试官说“请坐”之后，应先道谢然后就座，同时要注意坐姿端正。

4. 自我介绍

自我介绍前先问候对方，尽量用简明的语言来描述自己，包括姓名、毕业院校、专业、特长等。另外还要注意自己的语调、语速，态度要自然、亲切、随和，目光正视对方。

5. 冷静应答

当感到心里紧张时，不妨坦诚相告，面试官也会理解。如果不是显而易见的问题，可以短暂思考几秒钟后再作答，这样既可以整理自己的思路，也避免给面试官留下草率的印象。

6. 学会倾听

有效的沟通建立在良好倾听的基础上。倾听是一种修养，是一种美德，认真倾听是对对方的尊重。在面试过程中，面试官说的每一句话都是非常重要的，需要求职者全神贯注，记住说话人讲话的重点。倾听时，要自然流露出敬意，这才是有教养、懂礼仪的表现。

三、面试身体语言

身体语言是指人的动作和举止，包括姿态、手势、目光和面部表情等。它是一个人的素质、修养以及与人处事的基本态度的自然流露。

面试的时候，下列做法一定要避免：①拖拉椅子，且发出很大噪声；②坐在椅子上时含胸驼背或半躺半坐，抖腿或晃动；③男士跷二郎腿，女士双膝分开、叉开腿等。

一个人的行为好似一面镜子，反映出他的文化底蕴、知识水准和道德修养。因此，应当时刻留意自己的形象，讲究动作与姿势。面试的身体语言主要包括以下几个方面：

1. 目光接触

目光自然，不犹疑、不躲避闪烁，表现出应有的自信。面试时，求职者应当与面试官保持目光接触，以表示对面试官的尊重。

2. 面带微笑

保持愉快、轻松和真诚的微笑能快速拉近与他人的关系，通过微笑还可以让自己放松，表现自己的热情，切忌假笑、冷笑或是窃笑。

3. 举止有礼

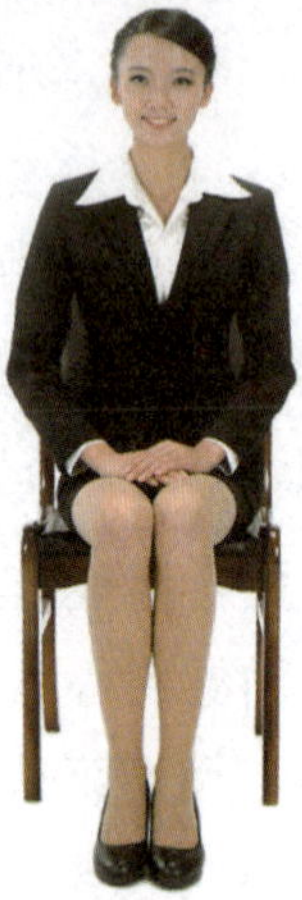

举止上，应保持抬头挺胸的姿态和饱满的精神状态，不要频繁地耸肩、手舞足蹈、左顾右盼、坐姿歪斜、晃动双腿，手势不宜过多，需要适时适度配合表达。

4. 礼貌告别

面试结束时，应该对用人单位的招聘人员抽出宝贵时间来与自己见面表示感谢；离开面试室时，应该把坐过的椅子扶正；行至门口的位置，应转身致谢后再出门；经过前台时，要主动与前台工作人员点头致意或说“谢谢你，再见”之类的话，做到善始善终。

课堂互动

某公司招聘文秘人员，由于待遇优厚，求职者很多。经济管理系的小安同学前往面试，她的背景材料非常棒：大学三年，当过学生会主席，策划过学校的周年庆典，还在两家公司实习过，英语表达也极为流利。小安五官端正，身材高挑、匀称。面试时，面试官拿着她的材料等她进来。小安下身着短裙，上身是露脐装，涂着艳丽的口红，轻盈地走到一位面试官面前，不请自坐，随后跷起了二郎腿，笑眯眯地等着问话。孰料，三位面试官互相交换了一下眼色说道：“安同学，请回去等通知吧！”小安喜形于色，说：“好的。”便挎起小包飞跑出门。

请问：

（1）小安能等到录用通知吗？为什么？

（2）假如你是小安，你打算怎样准备这次面试？

根据自己心仪的岗位及自身的特点设计一份求职方案。

我的求职宝典

我的专业：____________________

心仪岗位：____________________

岗位要求：____________________

____

____

我的特点：____________________

____

____

____

面试前，我会这样准备：____________________

____

____

面试中，我要这样表现：____________________

____

____

____

任务二　面试口才表达

微课2　面试口才表达

一、自我介绍

万事开头难，许多面试的开场问题就是“能否请您作一下自我介绍”。在一场为时十几分钟乃至几分钟的面试里，留给求职者作自我介绍的时间一般只有 1 ～ 3 分钟。在如此短的时间内，要如何展示自己呢？又有什么问题需要注意呢？

1. **自我介绍的原则**

（1）开门见山，简明扼要，时间不要超过 3 分钟。

（2）实事求是，不可过度吹捧。

（3）突出长处，但也不隐瞒短处。

（4）所突出的长处要与申请的职位有关。

（5）善于用具体生动的实例来证明自己或说明问题，避免泛泛而谈。

（6）介绍完之后，应礼貌地询问面试官是否还需要进行补充。

温馨提示

为了流畅发言，面试前应做好自我介绍的准备。由于面试要求自我介绍的时间不等，所以最明智的做法应是准备1分钟、3分钟、5分钟的介绍稿各一篇，以便面试时随时调整。

1分钟的介绍以基本情况为主，包括姓名、毕业院校、专业、爱好特长等，注意表述要清晰；3分钟的介绍除了基本情况，还可加上择岗动机、个人能力等；5分钟的介绍还可以谈谈自己的职业规划、兴趣爱好，举例说明自己的能力等。

2. 自我介绍的内容

（1）我是谁。主要介绍自己的个人履历和专业特长，包括姓名、年龄、教育背景、籍贯等个人基本信息，以及与应聘职位密切相关的特长等。生动、形象、个性化地介绍自己的姓名，不仅能够引起面试官的注意，而且可以使面试的氛围变得轻松。个性化地介绍姓名有多种方式，可以从名字的音、义、形或者从名字的来历进行演绎。

（2）我做过什么。做过什么，代表着求职者的经验和经历。在这个部分，主要介绍与应聘职位密切相关的实践经历，包括校内活动经历、相关的兼职和实习经历、社会实践等。求职者要说清楚确切的时间、地点、担任的职务、工作的内容等，提升真实感、可信度。特别需要注意的是，求职者的经历可能很多，但不可能面面俱到，与应聘职位无关的内容无须提及或一带而过即可。

（3）我做成过什么。做成过什么，代表着求职者的能力和水平。在这部分，主要介绍与应聘职位所需能力相关的个人业绩，包括校内活动成果和校外实践成果。介绍个人业绩，需要把自己在不同阶段做成的有代表性的事情介绍清楚。求职者在介绍个人业绩时，需要注意以下方面：①业绩要与应聘职位需要的能力紧密相关。如果应聘文员，就不需要介绍销售业绩。②介绍“你自己”的业绩，而不是团队业绩，因为用人单位要招聘的是“你”，而不是“你们”。③业绩要有量化的数字，要有具体的证据。不要用笼统的评价为“很好”“很多”，也不要用“大概”“约”“基本”等概数，而要用确切的数字。例如，我一周内卖出了34箱方便面。④介绍的内容应当有所侧重，不要说流水账，要着重介绍能体现自己能力的内容。⑤介绍业绩取得的具体过程时，要巧妙地埋伏笔。例如，在介绍校外实践成果时，可以这样描述：“在工作中遇到了很多的问题，不过我还是成功地克服并达成了业务目标。”引导面试官提问“遇到了哪些问题”，然后可以进一步阐述细节内容，体现出自己处理问题的能力。

（4）我想做什么。想做什么，代表着求职者的职业理想。在这个部分，应该介绍自己对应聘职位、应聘单位、行业的了解，包括职业生涯规划、对工作的兴趣与热情、未来的工作蓝图、对行业发展趋势的看法等。在介绍时，还要针对应聘职位合理编排每个部分的内容。与应聘职位关系越密切的内容，介绍的次序越靠前、介绍得越详细。

二、对答沟通

面试的目的是获得自己心仪的工作，面试中求职者所表达的内容是为了验证和说明自己与这份工作的匹配程度，因此，想要在短短的面试过程中用一席有力的话语打动面试官，需要熟练地掌握面试中的语言沟通技巧。

1. 列举实例，具体说明

在面试过程中，求职者应避免使用抽象、概述性的语言，而应多用事实来说明自己所具有的能力、素质、技能，以及自己如何处理人际关系、如何解决问题、如何胜任新工作等。

问：“你最大的长处是什么？”

答：“认真并具有责任感。在我很小的时候，父母就经常向我灌输认真为本的生活态度。在我见习初期，经理曾让我负责收发信件。那是一项极为简单的工作，但我却做得一丝不苟。每天，我早早来到办公室，把当天的信件分理归类，并且井然有序地分发到相关同事的桌上。碰到急件，我会附上相关的、有参考价值的材料，以便对经理及其他人有所帮助。大家对此赞不绝口。见习期满后，我立刻被任命为经理助理。”

2. 坦率真诚，实事求是

在面试过程中应坦率真诚，实事求是。面试官阅人无数，若夸大其词，会显得你不实诚，容易让人失去信任；而如果表现得过于谦虚，也会给人留下不够自信、缺乏信心的印象。因此，最好的方式就是实事求是、从实际情况出发，给面试官留下诚信、稳重、可靠的良好印象。

问：“如果我们接受你，你会干多久呢？”

答：“没人愿意把一生中最宝贵而有限的时光花在不停地寻找工作当中，也不会有人甘愿把他（她）所喜爱的东西轻易放弃。就拿这份工作来说，如果它能让我学以致用，更多地发挥我的潜力，而我也能从中获得新知识与新技能，并且也能得到相应的回报，那么我没有理由不专心致志地对待我所热爱的工作。”

3. 审时度势，适可而止

在有限的面试时间里，要得体、有效地“展示”自己，不要漫无边际或反复陈述，过多地拖延时间。

问：“你不认为你做这项工作太年轻了吗？”

答：“尽管我没有相关的工作经历，但我有领导学校学生会的工作经验。在大学期间，我连续担任两届校学生会主席职务，组织过十余场全校活动，而管理组织 3 000 多名学生也并非易事，对我的管理能力和领导艺术既是考验也是锻炼。对于贵部门项目经理一职来说，我认为，年龄固然能带来一定的经验优势，但个人素质和能力的高低则更为重要。”

4. 运用“补白”，避免尴尬

所谓“补白”，就是用一个或一些没有实际意义，但又必不可少的语气词、短语或句子，来连接上下文，继续回答。例如“噢”“好”“不错”“我想”“我认为”“我相信”“有时”“这个问题很有趣”“这个问题本身就极富挑战性”等。

5. 虚实并用，赢得好感

有效而适度地运用“虚”与“实”，常常会起到强化自身价值和赢得对方好感的作用。

问：“你的工作动力是什么？”

答：“我的动力主要来源于以下几个方面：首先是工作本身，即我是否对该工作感兴趣、是否能发挥自己的特长、是否能胜任、是否能学到新知识和技能以及是否能得到进一步的自我发展等；其次是自我价值的实现问题，即我是否能够得到他人的信任与尊重、是否有进一步晋升的机会等；最后是结果，即我是否能够得到较高的工资和待遇等。”

6. 适度激将，争取主动

面试时，面试官可能会询问求职者对于薪资、福利、工作环境等是否满意或是否有疑问，此时不能简单回答“没问题”，因为一个对这份工作十分重视、关心自己前途的人，一定想要了解更多信息，让自己多一点机会去衡量这份工作适合与否。同时，这也是表明自己工作态度的一个好机会。

问：“请谈谈你想要的月薪好吗？”

答：“我知道贵公司是一个盈利能力较强的大公司，一定会善待一名优秀的员工，所以我想，我的月薪应该不少于 3 000 元吧！”

课堂互动

A 同学和 B 同学都是刚刚毕业的文秘专业学生，学习成绩都很突出，两人同时应聘一家独资公司的高级秘书职位。人事经理看了简历以后难以取舍，于是通知两人来进行面试，面试官让她们分别作一下自我介绍。

A 同学：“我今年 22 岁，刚从 ×× 职业学院毕业，所学的专业是文秘，广西人，父母均是高级工程师。我爱好音乐和旅游，性格开朗，做事一丝不苟。很希望到贵公司工作。”

B 同学：“关于我的情况简历上都介绍得比较详细了，在这里我想强调两点：首先，我的英语口语不错，曾利用假期在旅行社做过导游，带过欧美团；其次，我的文笔较好，曾在报刊上发表过 6 篇文章，如果您有兴趣可以过目。”

最后，人事经理录用了 B 同学。

1. 请分析 A 同学失败的原因。
2. 请分析以下面试问题并作答。

（1）你的短期目标是什么？

A. 短期内我只想得到一份工作。

B. 我花钱大手大脚，所以短期内我想找到一份工作，能满足自己的花销。

C. 短期内我想找到一份适合自己的工作，对公司做出自己的贡献，实现自己的价值。今天我们谈的这份工作看起来是一个好机会，您能告诉我这份工作更详细的情况吗？

（2）5 年之后你会在什么地方？

A. 我还没想那么远，但是我真的想得到这份工作。

B. 如果可以的话，我会在公司的工作中不断地学习、不断地成长，在 5 年内和 5 年后尝试不同的岗位。我希望能在这样的公司里继续我的职业生涯。

C. 在远期，我会开一家自己的公司。

（3）你对薪水的要求是什么？

A. 我觉得我至少值年薪 6 万元。

B. 我觉得薪水可以协商，贵公司在员工待遇上声誉一向不错，我相信我的待遇也不会差。

C. 钱对我来说并不重要，工作环境才是最重要的。

项目实训

一、自我介绍训练

请选择一个你理想中的工作岗位，根据岗位要求完成一分钟的自我介绍。

我心仪的岗位：________________________________

____

我的自我介绍：________________________________

____

____

____

____

____

____

____

____

二、求职礼仪训练

以小组为单位（5～8人），根据自己的专业讨论成立一家公司，拟订需聘用的岗位，并设计招聘时提问的问题。小组间互聘。

要求：求职者修饰自己的仪容仪表，依照求职面试礼仪与面试官进行愉快的交谈，并完成实训报告。

我是求职者

我求职的公司：________________

我求职的岗位：________________

面试官的问题1：________________

我的回答：________________

____

____

____

面试官的问题2：________________

我的回答：________________

____

____

面试官的问题3：________________

我的回答：________________

____

____

自我评价：________________

____

____

改进之处：________________

____

____

我是面试官

我们的公司：________________

我们的团队：________________

招聘的岗位：________________

岗位的要求：________________

我们的问题 1：________________________________

他（她）的回答：________________________________

____

____

____

我们的问题 2：________________________________

他（她）的回答：________________________________

____

____

____

我们的问题 3：________________________________

他（她）的回答：________________________________

____

____

我们拟聘用的他（她）的理由（专业知识、技能，问题对答技巧，仪表仪态等）：________

____

____

项目二 翩翩风度——姿态也是语言

知识目标

- 理解仪态礼仪的重要性。
- 了解并掌握行为举止规范。
- 了解手势的类型，掌握常见的几种手势。
- 掌握标准的站姿、坐姿、走姿、蹲姿的具体要求。

技能目标

- 能够在商务场合中较为准确地运用肢体语言传递相关信息。
- 掌握仪态规范，得体出行。
- 能在不同场合以正确优美的站姿、坐姿、走姿、蹲姿展现良好的个人形象。

素质目标

- 学会运用眼神和微笑来传递感情。
- 尊重自己和他人，平等待人、真诚礼貌。杜绝各种不良的行为举止。
- 能够在商务场合中按照商务人员礼仪要求展现优雅的仪态。
- 提高个人礼仪素养，自觉践行礼仪规范。

情景导入

宋洋经过激烈的角逐，终于进入了辉煌商贸公司任职客户专员。由于经常会与客户召开座谈会，因此需要面对面与客户交流。宋洋个子比较高，腿比较长，每次坐下后，他都不知道腿该怎么放，于是总习惯性地跷起二郎腿并晃动脚尖。有一次他无意中听到两名客户在埋怨他二郎腿跷得很不礼貌，简直就是目中无人。宋洋听后感觉无地自容。

仪态被视为第二语言，一个品行端正、富有涵养的人，其仪态也应是优雅的。人们通过站、坐、走以及眼神、微笑、手势这些体态语言进行心灵交流和信息表达，形成对个人气质和心理的评价。规范适宜的仪态是一个人的内在品质和知识修养的真实外露，不仅可以体现一个人良好的礼仪修养，而且能赢得对方的好感，获得更多合作的机会。

项目设定与分析

塑造优雅身姿

宋洋的表现主要是因为缺乏仪态礼仪的基本知识，把生活中的习惯带到了工作中。作为一名职场人士，一言一行都应该注意，如果认真学习了仪态礼仪的相关知识，相信他能做得更好。

分析报告

在职场交往中，仪态是一张无形的“名片”，人们可以通过一举一动判断出你的身份、地位、学识、能力。与容貌美和身材美相比，仪态美是一种深层次的美，更富有魅力。

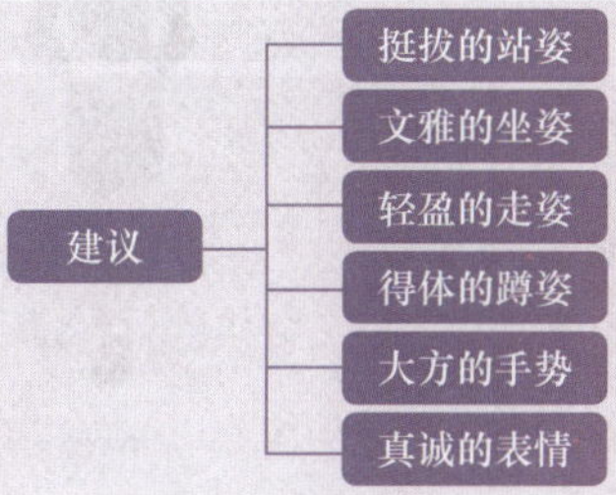

项目实施

微课3　挺拔的站姿

任务一　挺拔的站姿

站姿是静态的造型动作，是其他动态美的起点和基础。正确优雅的站姿给人以挺拔笔直、舒展俊美、精力充沛、积极进取、充满自信的感觉。

一、基本站姿

头正、颈直，下颌微收，目光平视，面带微笑。

双肩平正，向后打开自然下沉。两臂自然下垂放于体侧，脖子的轴线与地面垂直，与背部在同一平面上。

两脚脚跟、脚尖并拢，双脚脚尖在一条直线上。双腿夹紧，膝关节并拢，身体重心落在两脚正中。收腹、挺胸、立腰、紧臀。

职场人士根据场合的不同，在基本站姿的基础上可以变化出其他站立姿态。如女士的手位有基本式、腹式、脐式、自然式，脚位有并步、V字步、小丁字步、大丁字步。

基本式　腹式　脐式　自然式

并步　V 字步　小丁字步　大丁字步

男士的手位有基本式、腹式、自然式、后搭式，脚位有并步、V 字步、平行步。

基本式　腹式　自然式　后搭式　并步　V 字步　平行步

二、不良站姿

站立时切忌身体歪斜、两腿分开过大，或者倚墙靠柱、弯腰驼背、左右摇晃、歪头斜脖，也不可以双臂交叉，更不能两手叉腰或将手插在裤袋里，同时应避免下意识地做小动作。

温馨提示

在日常生活中，养成良好的体态习惯，这是最简单、有效的保持优雅体态的方法。平时可以通过镜子进行练习，并时刻进行自我检查与调整，减少错误动作，保持正确、优雅的体态，从而形成一种保持良好体态的习惯。

课堂互动

水电集团今天举行招待酒会，刘佳负责接待工作，她该如何站立在公司门口迎接客人？

任务二　文雅的坐姿

坐姿也是一种静态的姿势。文雅的坐姿，不仅给人以沉着、稳重的感觉，而且也是展现自己气质和风度的重要形式。在职场中，无论是伏案学习、参加会议，还是会客交谈、娱乐休息，都离不开坐姿。

微课4　文雅的坐姿

一、基本坐姿

上身正直，头正目平，面带微笑，坐椅子三分之二。两腿自然弯曲，小腿与地面基本垂直，两脚平落地面。

女士两膝并拢，两手叠放于腿上按压裙摆。

男士两腿分开，但不超过肩宽，双手自然放于双腿上，也可双手叠放。

二、女士入座步骤及坐姿

1. 女士入座步骤

①入座前站在椅子左侧

②先迈左脚到椅子前面

③双脚呈小丁字步站立

④轻拢裙摆坐下

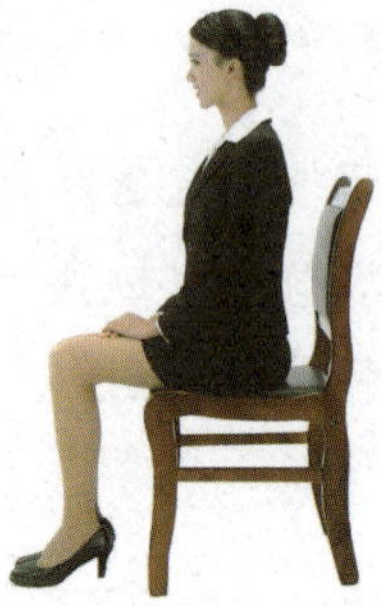
⑤上身挺直，坐椅子三分之二处

⑥调整脚位，双手叠放于腿上

2. 女士坐姿

女士入座后，双脚可根据场合的不同变化出不同的脚位，但无论哪种坐姿，都要注意双膝并拢。正式、严肃的场合可以选择正襟危坐式，即标准式。而双腿叠放式是比较舒适、造型也比较优美的坐姿，但是，这种坐姿会给人比较悠闲的感觉。所以，选择这种坐姿时应注意两个问题：一是在正式场合尽量不选择双腿叠放式坐姿；二是当别人没有选择此坐姿时，自己也不要选择。

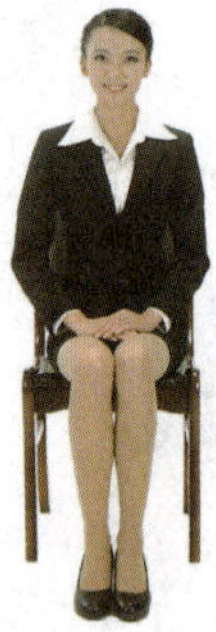
正襟危坐式

前伸后屈式

脚踝交叉式

双腿侧点式

双腿叠放式

三、男士入座步骤及坐姿

1. 男士入座步骤

①站在椅子左侧

②右脚横迈，左脚跟上，于椅子前站立

③右脚后撤一小步，感受凳子的位置

④坐下时上身挺直

⑤调整脚位，坐椅子三分之二处

⑥手可各放于双腿上，也可双手叠放

2. 男士坐姿

男士坐姿中，正襟危坐式（标准式）也是最基本的坐姿，适用于正规的场合。双腿叠放式坐姿同样要注意场合来选择。

正襟危坐式

双腿叠放式

四、不良坐姿

就座时，切忌双腿大幅度叉开，或将双腿直伸出去，更不可将腿脚搭在桌椅上；不前仰后靠，不左摇右晃，不趴在工作台上休息；禁止双腿习惯性抖动，这不仅会令他人心烦意乱，而且也会给人留下极不安稳的印象；切忌将手夹在腿间，这一动作显得胆怯或害羞；脱鞋脱袜、以手触摸脚部或将脚尖指向他人等做法也都是非常失礼的行为。

温馨提示

入座时的礼仪：讲究顺序，礼让尊长；向人致意，征得同意；注意方位，从左入座；背对座椅，落座轻稳。

离座时的礼仪：事先说明，向人致意；位高先走，注意先后；起身轻缓，毫无声息；站稳再走，右侧离开。

课堂互动

请按照入座、离座的礼仪要求，完成入座、离座的动作演示。

任务三 轻盈的走姿

微课5 轻盈的走姿

走姿是一种动态的身体造型，正确的走姿能展现出良好的精神状态，在感观上表现出一种律动的美。

一、正确的走姿

以端正的站姿为基础，挺胸、抬头、直颈、收腹、立腰，双目平视，下颌微收，表情自然；双手的摆动应以肩关节为轴，上臂带动前臂，前后自然摆动，摆幅以 30° ～ 35° 为宜；先迈脚尖，然后脚跟落地。两脚交替前进时，步幅的大小通常因性别、身高、着装等的不同而有所差异。

女士：行走速度一般为每分钟 118 ～ 120 步，两脚走在一条直线上，步履轻盈，展现温柔优雅的阴柔之美。

男士：行走速度一般为每分钟 108 ～ 110 步，两脚跟交替行进在一条直线上，两脚尖稍向外展，步履雄健有力，展现英武刚健的阳刚之美。

二、其他行走方法

（1）后退步。与人告别时，不能扭头就走。应先向后方退两三步，再转身离去。

（2）引导步。引导宾客时，应走在宾客的左前方，保持两三步的距离。

（3）前行转身步。在前行中要转弯时，距所转方向远侧的一脚落地后，以脚掌为轴，转过全身，然后迈出另一脚。向左拐时，要右脚在前时转身；向右拐时，要左脚在前时转身。

（4）上、下楼梯步。上楼时身体自然向上挺直，头平正，前脚掌着地，身体重心一起移动；下楼梯时身体略向前倾。

三、不良走姿

走路时驼背哈腰、晃肩摇头、左顾右盼、东张西望、死板僵硬、呈明显的内八字或外八字等都是不良走姿的表现。这些不雅的走姿会破坏行走时的韵律感、平衡感，使走姿变得不协调、不对称、不一致。

温馨提示

行走的姿态不是一成不变的，不同场合步子的强弱、轻重、幅度及姿势也应有所不同。例如，在室内行走时脚步应轻松平稳，在病房或阅览室则应轻盈柔和，外出游玩时可轻松活泼，参加仪式时要稳健大方，参加丧礼时则应沉重缓慢。

课堂互动

刘佳将去参加一个行业协会举办的鸡尾酒会，请问在这样的酒会上，她该如何注意自己的走姿？

任务四 得体的蹲姿

大家一般认为蹲这个动作是不雅观的，只有在必要的时候才会蹲下来做某件事情，但这个动作也最容易出错。因此在职场中，蹲下时一定要注意自己的姿态，尽量做到迅速、美观、大方。

微课6 得体的蹲姿

一、基本要领

身体保持直线，双腿靠拢，一脚在前，一脚在后；两腿向下蹲，前脚全着地，小腿基本垂直于地面；后脚跟提起，脚掌着地，臀部向下。若用右手捡东西，可以45° 方向对着物品，右脚后撤半步后蹲下捡拾。

二、常见的女士蹲姿

1. 高低式

高低式蹲姿的基本特征是，双膝一高一低。在下蹲时，左脚在前，右脚稍后；左脚应完全着地，右脚脚掌着地，脚跟提起；右膝低于左膝，右膝内侧可以靠在左小腿内侧，形成左膝高、右膝低的姿态。女性应靠紧两腿，臀部向下，以右腿支撑身体。

2. 交叉式

通常适用于女士，特别是适合穿着短裙的女士采用，其优点在于造型优美典雅。交叉式蹲姿在下蹲时，右脚在前，左脚在后，右小腿垂直于地面，全脚着地；右腿在上，左腿在下，两腿交叉重叠；左膝由后下方伸向右侧，左脚跟抬起，并且脚掌着地；两脚前后靠近，合力支撑身体；上身略向前倾，而臀部朝下。

3. 半跪式

半跪式蹲姿，又称为单跪式蹲姿。它也是一种非正式蹲姿，多用在下蹲时间较长或为了用力方便时使用，双腿呈现一蹲一跪的姿态。在下蹲后，一腿单膝点地，臀部坐在另一只脚的脚跟上，并以脚尖着地。

三、常见的男士蹲姿

男士基本采用高低式蹲姿，双腿可以适度地分开，左脚应完全着地；右脚脚掌着地，脚跟提起。上身挺直，臀部向下，基本上以右腿支撑身体。

四、下蹲的禁忌

（1）突然下蹲。蹲下来时不要速度过快，在行进中需要下蹲时，要特别注意这一点。

（2）离人太近。下蹲时应该和身边的人保持一定距离。如果和他人同时下蹲时，一定要考虑到双方之间的距离，否则就会和对方“迎头相撞”或发生其他误会。

（3）方位失当。在他人身边下蹲时，最好和他人侧身相向。正对他人或者背对他人下蹲，既不雅观也不礼貌。

（4）蹲在椅上。这种生活习惯在职场中是不允许的。

（5）毫无遮掩。女士下蹲时双腿叉开、臀部撅起、两腿平行下蹲或内衣外露等都是很不雅观的动作。

温馨提示

下列情况会使用蹲姿：整理工作或生活环境时，给予儿童、老人帮助时，为坐在低处的客人服务时，捡拾地面物品时。

课堂互动

刘佳在行走的过程中，手上拿着的笔记本不慎掉落在地上，她该如何拾起？

任务五　大方的手势

手势是人与人之间表情达意的有力手段，在体态语言中占有重要地位。俗话说“心有所思，手有所指”。打招呼、致意、鼓掌、告别、欢呼、指引方向、介绍等都伴随着手势。恰当地运用手势表情达意，可以为自己的职场形象增添光彩。

微课7　大方的手势

一、手势的基本要求

五指伸直并拢，手掌自然伸直，掌心与地面呈45°，手掌与小臂成一条直线，肘关节自然弯曲。

以肘关节为轴，手从腹前抬起向左或右摆动至身体左或右前方，头和上身向伸手一侧略倾斜，另一只手下垂放于体侧。手势并不是单独运用的，在伸出手时，要讲究动作柔美、流畅，避免僵硬死板、缺乏意味，同时必须要与人的眼神及面部表情相结合，才更显协调大方。

二、手势的区域

一般来说，手势的活动范围大体有三个区域：上区（肩部以上），表达出一种理想、希冀等积极肯定的思想；中区（肩部到腰部），多表示叙事和说明等比较平静的思想；下区（腰部以下），通常表示否定、消极的思想。

温馨提示

不同的国家和民族，会有着不同的文化和习俗，因而手势语言也千差万别。职场人士要正确理解和运用各个国家不同的手势语言。如翘起大拇指的手势语，在我国表示赞扬，在英国有搭车的意思，在伊朗却是一种挑衅行为，而在有些国家则有辱骂他人的意思。

课堂互动

请用正确的手势表达以下意思：请跟我来、请进、请坐、请往高处看、里面请。

微课8 真诚的表情

任务六 真诚的表情

表情是人体语言中最为丰富的部分，人们通过喜、怒、哀、乐等表情来表达内心的情绪。在人际沟通方面，表情起着重要的作用。得体、适度的表情，可以给人留下深刻的第一印象。表情是礼仪的重要组成部分，真诚的表情主要包含两大因素：一是目光，二是笑容。

一、目光

目光是面部表情的核心。在人际交往时，目光是一种真实的、含蓄的语言。“眼睛是心灵之窗”，从一个人的目光中，可以看出一个人的内心活动。良好的交际形象中，目光应是坦然、亲切、友善、有神的。在与人交谈时，目光应当注视着对方，才能表现出诚恳与尊重；而冷漠的、呆滞的、疲倦的、轻视的目光都是不礼貌的。切不可盯人太久或反复上下打量，更不可以对人挤眉弄眼或用白眼、斜眼看人。

1. 注视部位

（1）公务凝视区。注视对方脸部由双眼底线和前额构成的三角区域，反映出严肃、诚恳的心态，适合洽谈、磋商、谈判等正式场合，能让对方感受到你的诚意，从而把握谈话的主动权和控制权。

（2）社交凝视区。注视对方脸部由双眼上线和唇中点构成的三角区域，反映出随和、亲切的心态，让人感到轻松自然，能够比较自由地把观点、见解发表出来，适合创造良好的社交氛围。这种目光适用于茶话会、舞会及各种类型的友谊聚会。

（3）亲密凝视区。当注视的对象是朋友、恋人或家庭成员时，注视的位置应在对方双眼到胸部之间。注视这一区域能够激发感情，一般在与关系亲密之人相处时采用。

2. 注视角度

在注视他人时，目光的角度，即目光发出的方向，可以直接表达出与交往对象的亲疏远近。注视他人的常规角度有如下几种：

（1）平视：即视线呈水平状态，又称正视，适用于在一般场合与身份、地位平等之人进行交往。

（2）仰视：即主动居于低处，抬眼向上注视他人，表示尊重、敬畏之意，适用于面对尊长之时。

（3）俯视：即抬眼向下注视他人，一般用于位尊者或长辈与下属或晚辈相处时，也可表示对他人轻慢、歧视之意。

平视

仰视

俯视

二、笑容

笑具有传递信息、沟通感情的作用。笑分为微笑、大笑、冷笑和嘲笑等类型，不同的笑可以表达不同的感情。而微笑给人以亲切、自然的感觉，通常能够消除人与人之间的陌生感，拉近彼此的距离。因此，掌握良好的微笑礼仪，能够创造出融洽、和谐、互尊、互爱的气氛。

笑得真诚自然并非易事，必要时应当进行训练。除了自己对着镜子练习外还可以采用以下方法练习：

（1）他人诱导法：同桌、同学之间互相通过一些有趣的笑料、动作引发对方发笑。

（2）情绪回忆法：通过回忆或是想象自己生活中遇到的或可能遇到的美好事物而引发微笑。

（3）口型对照法：通过一些相似性的发音口型，找到适合自己的微笑状态，如“一”“茄子”“呵”“哈”等。

（4）眼睛笑容法：用手遮住鼻子和嘴，只露出眼睛，练习通过眼睛传答笑意。这时眼角是微微上提的，眉头也是舒展的，这就是我们平常所说的眉开眼笑。

（5）牙齿暴露法：数一数自己笑得最美时露出了几颗牙齿。含蓄的一度笑容不露出牙齿，亲切的二度笑容嘴角上扬露出五六颗牙齿，热情的三度笑容露出六颗以上的牙齿。

一度笑容

二度笑容

三度笑容

课堂互动

两人一组，互相进行微笑练习。班组可以开展比赛，将每人微笑的表情拍成照片，投票选出最美微笑先生和最美微笑小姐。

项目实训

一、站姿训练

（1）九点靠墙法：即后脑、两肩、两臀、两小腿、两脚跟共九点紧靠墙面，并由下往上逐步确认姿势要领。也可以两个身高相近的人一组，九点相靠进行站姿练习。

（2）夹纸顶书法：在两膝之间夹一张单层纸，提升腿部线条，同时在头顶上平放一本书，保持书的平衡，以检测站立时是否做到头正、颈直。此方法可以纠正低头、仰脸、头歪、头晃及左顾右盼的坏习惯。

（3）对镜练习法：面对镜面进行站姿训练，检查自己的站姿及整体形象，看是否有歪头、斜肩、含胸、驼背、弯腿等动作，发现问题及时调整。

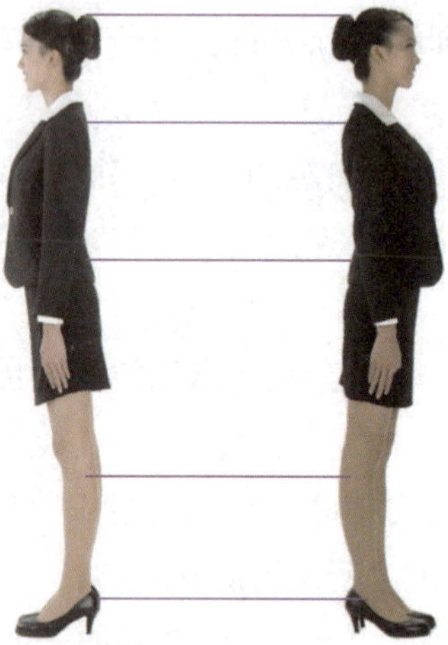

站姿训练检测

被考评人：＿＿＿＿＿＿＿＿ 考评地点：＿＿＿＿＿＿＿＿

考核项目	考核内容		分值	自评	组评	师评
站姿	1. 不同站姿的展示	基本式	10			
		腹式	10			
		脐式	10			
		自然式	10			
	2. 靠墙、顶书站立训练效果（3 分钟）		20			
	3. 站姿礼仪组合技能展示		40			
合计			100			

注：合计 = 自评 ×30%+ 组评 ×30%+ 师评 ×40%

二、坐姿训练

（1）练习入座、离座的步骤及动作要领。

（2）对着镜子检查自己的坐姿，也可以同学间互相指导纠正。

坐姿训练检测

被考评人：________　　考评地点：________

考核项目	考核内容	分值	自评	组评	师评
坐姿	1．坐姿基本动作要领展示	25			
	2．脚位摆放（至少四种）	25			
	3．坐姿礼仪组合技能展示	25			
	4．情景模拟展示	25			
合计		100			

注：合计 = 自评 ×30% + 组评 ×30% + 师评 ×40%

三、走姿训练

（1）摆臂训练：身体直立，以肩为轴，双臂前后自然摆动。注意，摆动的幅度要适度，注意纠正手臂过于僵硬、双臂左右摆等不良动作。

（2）步位步幅训练：在地上划一条直线，行走时检查自己的步位和步幅是否正确，纠正“外八字”“内八字”以及步幅过小或过大等问题。

（3）稳定性训练：女士穿高跟鞋，将书本放在头顶中心，保持行走时头正、颈直、目不斜视。

（4）协调性训练：配以节奏感较强的音乐，行走时注意掌握好速度、步幅，保持身体平衡，双臂摆动对称，动作协调。

走姿训练检测

被考评人：________　　考评地点：________

考核项目	考核内容	分值	自评	组评	师评
走姿	1．身体姿态	15			
	2．跨步的均匀度	15			
	3．手臂摆动情况	15			
	4．变换不同节奏的走姿	15			
	5．走姿礼仪组合技能展示	40			
合计		100			

注：合计 = 自评 ×30% + 组评 ×30% + 师评 ×40%

四、蹲姿训练

（1）利用把杆做下蹲练习，掌握下蹲的动作要领，提升身体的表现力。

（2）下蹲时避免出现随意放松的动作，继续保持“拔”和“提”的状态，以使蹲的动作变得优雅。

蹲姿训练检测

被考评人：________　　考评地点：________

考核项目	考核内容		分值	自评	组评	师评
蹲姿	1．下蹲基本动作要领展示		20			
	2．不同蹲姿展示	高低式	20			
		交叉式	20			
		拾物	20			
	3．蹲姿礼仪组合技能展示		20			
合计			100			

注：合计 = 自评 ×30% + 组评 ×30% + 师评 ×40%

五、手势训练

（1）各方位手势指示练习。

（2）配合脚步进行空间方位指示。

（3）以小组为单位模拟工作中可能发生的情景，练习运用各种不同手势，并互相纠正。

手势训练检测

被考评人：________　　考评地点：________

考核项目	考核内容	分值	自评	组评	师评
手势	1．不同手势的展示（至少四种）	60			
	2．指引手势时身、眼的协调配合	20			
	3．手势礼仪组合技能展示	20			
合计		100			

注：合计 = 自评 ×30% + 组评 ×30% + 师评 ×40%

六、表情训练

（1）以轻松愉快的心情坐在镜前，轻合双唇，两手食指伸出指尖对接放在嘴前15 ～ 20cm 处。让两食指指尖缓慢匀速分别向左右移动，使之拉开 5 ～ 10cm 的距离，同时嘴唇随两食指移动速度同步加大唇角的展开度，形成微笑并停留数秒。两食指再缓慢匀速地向中间靠拢，直到两食指相接，唇角也开始同步缓慢收回，训练不让微笑突然停止。

（2）口中念“一”，使双颊肌肉用力向上抬，用力抬高嘴角两端，注意下唇不要过分用力。对着镜子做出自己满意的表情，并保持一段时间。

（3）两人一组，对向站立并进行交谈，注意目光注视的区域和角度，做到眼神专注、神态自然、交谈得体，克服羞涩、眼神游离等问题。

表情训练检测

被考评人：________　　考评地点：________

考核项目	考核内容	分值	自评	组评	师评
表情	1．微笑时眼神、眉毛、嘴角的协调配合	20			
	2．微笑时眼神的亲切度	20			
	3．微笑时眼睛的明亮度	20			
	4．微笑时嘴角的上扬高度是否一致	20			
	5．微笑时表情的真实感	20			
合计		100			

注：合计 = 自评 ×30% + 组评 ×30% + 师评 ×40%

项目三 自信优雅——塑造完美形象

知识目标

- 了解商务人员仪表与服饰修饰的技巧和方法。
- 掌握规范的商务人员仪表礼仪与服饰礼仪的要求。
- 掌握化妆及色彩搭配要领。

技能目标

- 能熟练使用着装的四大原则。
- 能根据个人特点掌握仪容仪表的具体修饰方法，打造得体的仪容仪表。
- 学会打领带、化淡妆，以及服装色彩、样式搭配的技巧与方法。

素质目标

- 培养学生学会在正式场合打造商务人员得体的仪表。
- 培养学生做一个讲文明、懂礼仪的人。
- 培养学生职业礼仪素养，追求高尚人格，维护自己的文明形象。

情景导入

刘佳如愿得到了水电集团办公室文员的工作。第一天上班，为了给同事们留下难忘的第一印象，她进行了精心的打扮。除了浓艳的妆容，刘佳穿上了一身桃红色的裙装，腰间还有一大圈亮晶晶的金属片，再配上时尚的手环、造型独特的戒指、亮闪闪的项链、新潮的耳坠，身上每一处都是焦点，简直是无与伦比、鹤立鸡群。

但结果却出乎意料，主管见到她后对她说："你今天很漂亮，服饰妆容也很吸引眼球，但我觉得你这身打扮并不适合办公室文员这个工作环境。"

心理学研究认为，人与人见面后所产生的好恶印象，取决于初次见面的前 7 秒钟，也就是第一印象效应，也称首因效应。虽然这些第一印象并非总是正确的，但却是最鲜明、最牢固的，并且决定着以后双方交往的进程。而在第一印象效应的影响因素中，语言占7%，肢体动作占38%，视觉（即形象）占55%，由此可见形象的重要性。

项目设定与分析

职业形象塑造

刘佳平时自认为是个紧跟时尚的女孩，没想到第一天上班就被主管批评了自己最引以为豪的衣着打扮。于是她决定好好学习服饰的搭配和色彩的选择，以适应职业场合的需要，打造自己专属的职业形象。

分析报告

在如今激烈竞争的职场中，职业形象越来越密切地和个人的职业成功挂起钩来。在私人时间里，可以根据自己的喜好，随心所欲，任意发挥。但进入职场时，装扮则代表着公司形象，成为工作的一部分，千万不要让自己的风格与职场的空气格格不入。

建议：
- 塑造良好的仪容仪表
- 把握色彩的选择运用
- 量身打造职场形象

项目实施

微课9　塑造良好的仪容仪表

任务一　塑造良好的仪容仪表

中国有“文质彬彬，而后君子”的古训，仪容仪表是个人涵养的外在表现。在与人交往的过程中，仪容仪表是一张没有文字但却形象生动的名片。良好的仪容仪表，不仅可以展示出良好的职业形象，还代着对他人的尊重。如何塑造得体的仪容仪表，必须先了解自身的体貌特征。因此，了解身体比例和掌握必要的职场仪容仪表礼仪非常重要。

一、了解和谐的身体比例

1. 头身比例

在造型艺术界，对人体比例的衡量是用头部长度作为判断依据的。用自己的头部长度作为衡量标准，检测一下自己的头身比例。如果比值为1/7及以下，属于标准的身材比例，日常的着装款式和发型的选择余地较大，自我整体风格的塑造也比较容易把握。

如果比值大于1/7，属于头大身短型，在塑造整体形象时，应避免选择扩大头部体积的发型。该体型较为缺乏延伸感，在着装上要避免选择复杂的款式、多样的色彩及过多的横线条等。

2. 头肩比例

忽略服饰的肩部和自己整体形象的和谐比例关系是不少人在选择着装时的误区，标准的肩部宽度应该是自己头部长度的 2 倍。如果小于 2 倍，可以选择带垫肩的上衣款式或者泡泡袖风格的服装款式等，有利于修饰肩型。

3. 头颈比例

从下颌至锁骨的垂直距离为颈部的长度，标准的颈部长度应是自身头部长度的一半，即 0.5 个头长。若脖颈偏短粗，在选择服装的领型时，尽可能选择带有延伸感的款式，窄 V 领、西服领、香蕉领是最佳选择；而高领、一字领、方领、圆领等更适合于颈部偏长或适中的人。另外，颈部偏短粗的人不适宜选择长发、中长发、大波浪等 A 字形发型。

4. 上下身比例

以大腿根部为界，往上至颈部为上半身，往下至脚跟为下半身，标准的上下身比例为：下半身长度比上半身长度多出 0.5 个头长（即半个头长）。而衣服上下装的分界线也十分关键，一般在黄金分割线的位置。因此，上下身比例不尽理想的话尽量不要选择七分裤、九分裤、喇叭裤等款式，同时还要避免下装带有方格、横线条、花饰等图案，避免下半身给人带来横向膨胀的感觉。

课堂互动

（1）利用一支笔或一把尺子，在一端拴上一根绳子，将笔或尺子水平地、轻轻地放在头顶上（水平地放在发型上缘即可，发型在他人眼中会被算入头部长度中）。绳子自然下垂，到达下颌底部，在头部长度处做一个记号或打一个结，向下翻转与头长等距的绳子至脚底，测量一下自己全身共有几个头长。也可以用身高除以量出的头长尺寸，即可得到自己的头身比例。以头长为基础，再量量自己头肩、头颈以及上下身的比例。

（2）站在全身镜前观察自己的体型，说说自己适合什么款式的服装。

二、仪容仪表礼仪

仪容仪表礼仪是指人的外观、外貌的修饰在人际交往中应遵循的准则规范，这其中又以人的容貌的修饰最为重要。在职场中，个人容貌更能引起交往对象的关注，并直接影响对方对自己的整体评价。仪容仪表礼仪的基本要求是美观、洁净、卫生、得体。

（一）发型修饰

按照一般习惯，人们注意、打量他人往往是从头部开始的，而头发生长于头顶，位于人体的“制高点”，所以更容易先入为主，应引起重视。有鉴于此，修饰仪容通常应当“从头做起”。

职业男士发型统一的标准就是干净、整洁、清爽，同时注意头发不应过长。一般认为，前不附额、侧不掩耳、后不及领是对男士发型长度的统一要求。

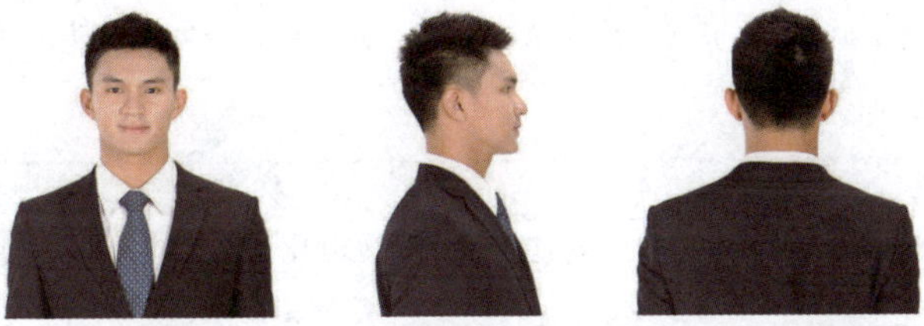

职业女性的发型，因岗位的不同要求也有所不同，但有一点是一致的，即发丝勿遮挡视线。同时头发应保持洁净、清爽，不过量使用发胶，发型应简洁干练，勿染夸张颜色。

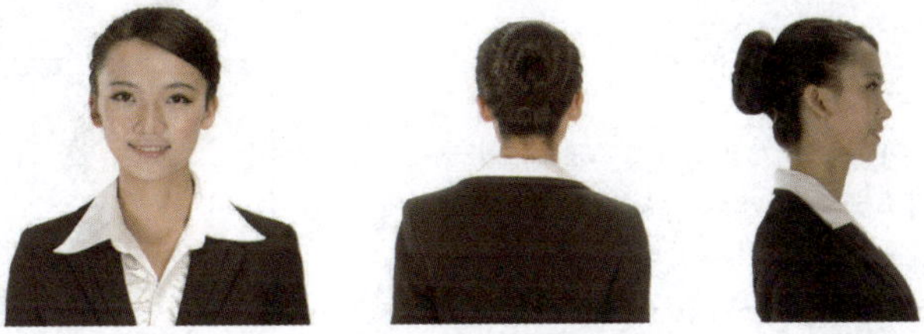

1. 发型与脸型相符

很多人认为脸型仅仅是一个人的面部轮廓特征，但脸型其实影响着一个人的穿着打扮。脸型有胖瘦长短之分，可大致分为下列 8 种类型：瓜子脸、椭圆脸、菱形脸、长方脸、方脸、倒三角形脸、三角形脸、圆脸。

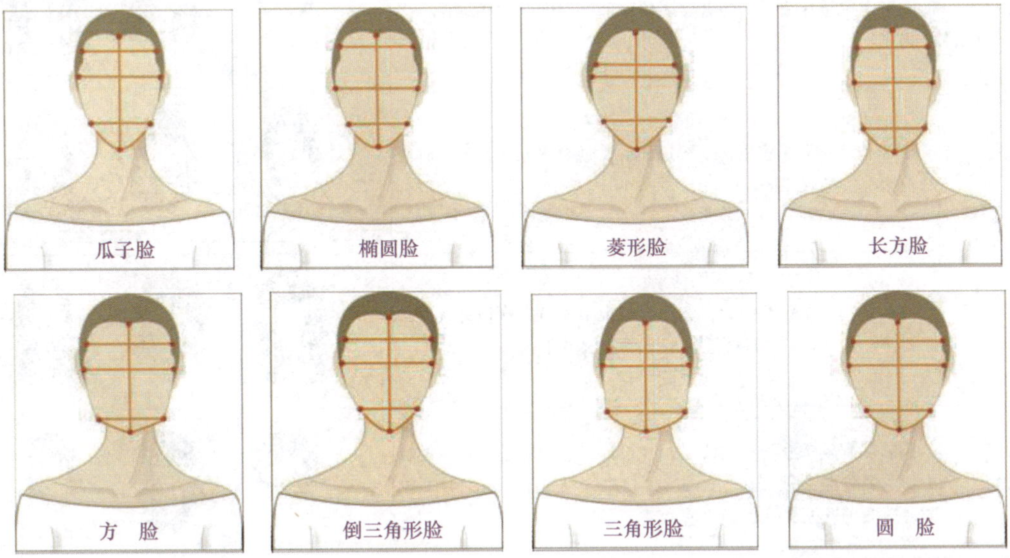

课堂互动

用相机或者手机给自己拍一张正面照片，要求把前额的头发撩起，露出发际线。之后上传到计算机上，使用画图工具描出自己的脸部轮廓，再对比脸型分类图，看一看自己属于哪种脸型。

脸型没有美与丑的区别，审美的标准也不能一概而论。但是任何一种脸型都有其适宜的发型要求，因此需要根据自己的脸型选择发型，这是发型修饰的关键。对于发型的选择可以参考下表：

脸型	特点	适合发型
瓜子脸	瓜子脸的脸部上方略圆、下部略尖，看起来和瓜子的形状比较相似	瓜子脸适宜的发型较多，可以根据个人喜好选择，但同时要考虑年龄、肤色、场合等因素
椭圆脸	椭圆脸适用的发型，以露出脸部轮廓线和适当遮挡较圆润的下巴为宜	
菱形脸	菱形脸额头较小，因此在修饰这类脸型时，发型选择上应使窄小的额头显得丰满并且能够遮住较为突出的颧骨为宜	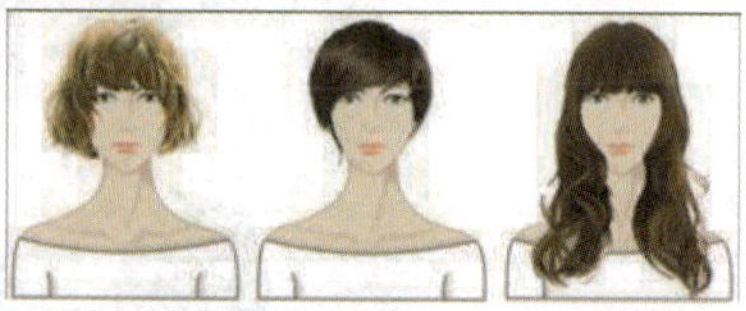
长方脸	长方脸的额头较长，可以设计刘海造型适当遮住部分额头，同时蓬松的发型也有助于拉宽脸型	
方脸	方脸脸部轮廓分明，额头、颧骨、下颌宽度基本相同，因此需要考虑拉长其脸型，还需要遮住脸部突出的颧骨和颌骨，去角化直	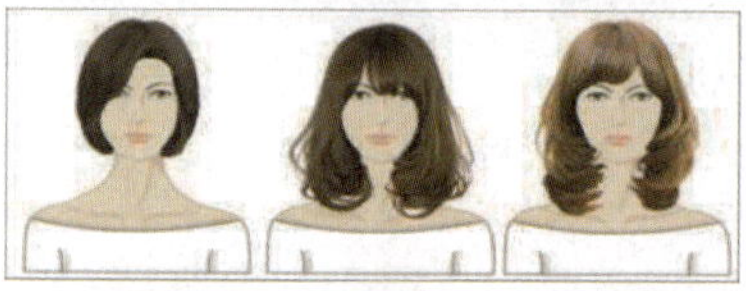
倒三角形脸	倒三角形脸额头较宽，下巴短而尖，适合蓬松且具有立体感的发型，发型选择面较广	
三角形脸	三角形脸额头较窄而尖，整个脸型上窄下宽。在设计发型上需要使额头饱满，其次要遮住较丰满突出的下颌骨	
圆脸	圆脸轮廓较圆润、有曲线感，在设计发型时需遮住较宽的额头和两侧脸部轮廓（较小的圆脸适合第一种发型，较大脸型较适合后两种发型）	

2. 发型与职业相符

（1）运动员和体育爱好者的发型：头发宜短，线条简单流畅，波纹平淡自然，发型持久，易于梳理。这种发型对于露天操作工人也较为适合。

（2）戴工作帽职业者的发型：既要简洁，又要美观，一般以中长发和短发为宜，戴帽时头发不外露，脱帽后又能保持优美的发型。如医务工作者、商业服务人员的发型。

（3）文艺工作者的发型：要求新颖多样，突出个性，富有艺术气息。

（4）接待服务人员的发型：服务人员、营销员、导游、外贸接待人员等，接触面广，发型应以整洁美观为主，既具有民族特点，又富有时代气息，给人以健康明朗、文明礼貌的良好印象。

（5）教师、机关人员的发型：要求线条简单，波纹平淡自然，发型优美大方、朴实端庄。

此外，发型还要与场合相适合。特别是留长发的女士要注意，在穿正装的场合、用餐的场合、正式的会议场合，应将头发束起置于脑后，严禁披头散发。成熟、得体而大方的发型，会增加客户和领导的信任。

（二）面部修饰

面部修饰在仪容仪表礼仪中有着相当重要的作用，对面容最基本的要求是：时刻保持面部干净清爽，无汗渍和油污。清洁面部最简单的方法就是勤于洗脸。午休、用餐、出汗、劳动或者外出之后，都应立刻洗脸。

从面部的具体部位来说，主要有以下几个方面：

1. 眼睛

眼睛应保持清洁、明亮，眼部分泌物要及时清除。若佩戴眼镜还要注意保持眼镜的干净、明亮。若佩戴太阳镜，在进入室内后应当将其及时摘下，以示对他人的尊敬；在室外遇有隆重礼仪或迎送等礼节场合时，也不应佩戴太阳镜，有拒人千里之外之嫌。

2. 耳朵

修饰耳部主要是保持耳部的清洁，耳朵里沟回很多，容易藏污纳垢，平时洗澡、洗头、洗脸时，应注意清洗一下耳朵，及时清除耳朵孔中的分泌物。清除耳垢，不要当众进行，不要伤及耳膜。

3. 鼻孔

鼻孔应随时保持干净，并定期修剪鼻毛，防止鼻毛外露。切忌在公共场合用手挖鼻孔、擤鼻涕。

4. 嘴部

职场中要保持口腔清洁无异味，在重要应酬之前忌食蒜、葱、韭菜、萝卜、腐乳等有刺鼻气味的食物。平时多注意以淡盐水漱口，有效控制口腔异味。此外，餐后当众剔牙、发出异响、交谈时嚼口香糖等都是不雅的行为。

5. 脖颈

在日常生活中，脖颈的卫生往往容易被忽视，尤其是脖后、耳后，绝不能成为“藏污纳垢”的地方，应注意保持脖颈干净。

（三）肢体修饰

手被称为“第二张名片”，在职场中，无论是献茶敬酒，还是垂手恭立、挥动手臂，手始终处于醒目之处。因此，一定要保证手部清洁、干净。指甲要及时修剪，男士不留指甲，女士指甲也不宜过长。女士若涂指甲油应区分场合，公务场合应涂无色透明或淡色指甲油，切忌涂抹过于艳丽的指甲油。

另外，腋毛外露也是很不雅观的行为，特别是女性，天热时穿无袖衣服很容易暴露，如招手、举手时，因此，应剃掉或穿带袖服装。

在商务场合，男士不应穿短裤，女士不应穿超短裙。同时，不能裸露肩部，不赤脚穿鞋，更不能在他人面前脱鞋、脱袜。

在职场礼仪中，对身体的修饰是最基本的礼仪，应在平时养成勤洗澡、勤换衣、讲卫生、爱干净的好习惯，避免身上有异味，给人留下干净、整洁的好印象。另外，正确地使用香水，也可以为你的形象加分！

温馨提示

香水的选择及使用应把握以下要点：办公时适宜使用清淡、中性香味的香水；运动时适宜使用清爽型香水；聚餐时适宜使用清淡香水；夏天适宜使用柑橘香调、绿香调或较为收敛的复合花香调香水；秋冬季适宜使用柑苔香调、东方花香调香水。耳后、脖颈、手腕、腿关节、腰、大腿、头发等部位适合喷洒香水。但一定要注意用量，任何场合都应避免香味过于浓烈。

（四）职场妆容

作为职场女性，适当的化妆不但可以给他人留下良好的印象，体现职业素养，还能够给自己带来自信。职业妆容要淡雅，还要与制服、配饰、职业、职位等众多因素相协调，从而达到美化自己、尊重他人、振奋精神、增加自信和塑造良好职业形象的目的。职业妆的化妆步骤如下：

化妆工具	使用方法
粉底 	选择接近肤色的粉底为基础底色，用化妆海绵或手指肚蘸取少量粉底，采用点、抹、拍、按等手法由中央向四周放射式涂抹，切忌来回涂抹
粉饼、散粉 	选择适合肤色的粉饼或散粉，将粉扑均匀蘸上粉（粉量以粉扑向下，粉不落地为宜），轻轻拍压全脸，之后用大粉刷刷去多余散粉即可
眼影、眼线 	用眼影刷蘸取适量眼影粉，由外眼角向内眼角均匀地晕染。上眼线可从内眼角至外眼角紧贴睫毛根部描画到眼尾，内细外粗；下眼线从外眼角画至内眼角，外粗内细。职业妆的下眼线可不画或只画三分之一
睫毛夹 	眼睛向下看，分别用睫毛夹夹住睫毛根部、中部和梢部，夹紧 5 秒左右松开，不移动夹子的位置连续夹 1 ～ 2 次，形成自然的弧度
睫毛膏 	涂上睫毛时，眼睛向下看，睫毛膏从根部开始呈 Z 字形向上刷；涂下睫毛时，眼睛向上看，先用睫毛刷的刷头横向涂抹，也可用睫毛刷的尖部纵向扫涂
眉笔 	眉型应与脸型、个性、肤色、妆色相协调。用眉笔按眉毛生长的方向描画，注意眉头不要画得太实，应该两头浅，中间深，上面浅，下面深，并且有毛发的虚实感
腮红 	用腮红刷蘸取少量腮红粉，均匀扫在颧骨下陷部位，即嘴角到耳孔的连线上，注意不要有边缘线，保证色彩过度自然
口红 	用唇线笔画出嘴唇的轮廓，再用唇刷将唇膏均匀地涂在轮廓内。唇膏的颜色与妆色、眼影和服饰要协调。为表现嘴唇的立体感可在外轮廓用深色唇膏，里面用浅色唇膏，或在下唇中央的高光处涂上唇油，使嘴唇丰满湿润

温馨提示

（1）化妆忌离奇出众。禁止化职业妆时脱离自己的角色定位，追求夸张、怪异、神秘的妆容，或者是有意使自己的化妆出格，从而产生令人咋舌的效果。

（2）化妆忌残妆示人。要经常在化妆后进行检查，以防止自己的妆容出现残缺。出汗、休息或用餐之后，尤其应当及时自查妆容。

（3）化妆忌当众修饰。不要在公共场所化妆，不要在工作岗位补妆。补妆时，宜选择洗手间或无旁人在场的场所。

课堂互动

李娜是一名即将毕业的高职生。用李娜自己的话说，现在的企业都比较在意员工的形象。因此要把自己包装得时尚一点，为将来的求职做准备。于是，李娜开始学习化妆，以求将来在求职应聘时给面试官留下美好的第一印象。

终于有一家李娜心仪已久的公司招总经理助理。面试那天，李娜苦学已久的化妆技法得已施展，她给自己来了一个大变脸，化起了最爱的"青春少女妆"：粉蓝加粉红的眼影，彩色系列的睫毛膏和眼线，粉橘的腮红，发亮的唇油……在等候面试时，李娜看到同班的王芳也来了，李娜一看王芳的妆容就不由得暗自发笑，心想：王芳的妆哪有我年轻靓丽？只见王芳脸上用的是不脱色粉底液，修饰自然、稍带棱角的眉毛，与服装色系搭配的灰度高偏浅色的眼影，紧贴上睫毛根部描画的灰棕色眼线，黑色自然型睫毛，再加上自然的唇型和淡雅的唇色，虽化了妆，却好似没有化妆。

没想到面试结果出来，王芳成功而李娜却失败了。这是为什么？

任务二　把握色彩的选择运用

我们生活在一个色彩斑斓的世界，任何颜色都有其正面和负面影响，对情绪带来的调节作用是潜移默化的。在职场，无论是新人还是老手，都应该了解一些穿衣色彩的相关知识。同时，还要综合考虑个人肤色、职场定位、出席场合的性质以及个性的定位等各种因素，以便选择合适、优雅的服饰搭配。

微课10　把握色彩的选择运用

一、色彩的分类

1. 无彩色系

无彩色是指黑、白、灰等不带颜色的色彩。

黑色沉稳、庄重，适用于职场中的正式场合，可作为职场的入门色。但黑色会给人以沉重感，因此可搭配一些亮丽的颜色，如蓝、红色的丝巾、领带以及闪烁的胸针等。

白色简洁、不沉闷，能避免纯黑色带来的压抑感和沉重感。白色职场套装给人以清爽、干净、干练的感觉，适合女士选择，且在商务场合、社交场合及日常工作中均适用。

灰色是介于黑白之间的一种极为随和的色彩，具有与任何颜色搭配的多样性。想展现自己干练的一面又不想打扮得太过老成的职场新人可以选择这个颜色进行搭配。男士在衣橱中最好准备一两条灰色领带，在多数情况下或严肃的场合中方便使用。

无彩色系

有彩色系

职场上不只是有黑、白、灰三种颜色，适当地根据工作情况选择合适的彩色，不仅能保持自己的好心情，对周围环境也能起到调节作用。

2. 有彩色系

有彩色是指红、黄、蓝、绿等带有颜色的色彩。

红色给人以开朗、热情的情绪感受。如果你所在的工作气氛轻松融洽，你又想要尽快融入集体中时，穿着红色能显得你热情、活泼、大方。但过多凝视大片的纯红色，易产生头晕目眩之感，当你的同事多为中老年时，请减少穿着红色。

粉色给人以可爱、甜美的感觉，但缺少冷色系的干练、稳重，因此职场女性较少选择。若要选择，尽量选择简洁、挺括的款式，以免给人“娇弱”的印象。

橙色是充满活力的颜色，也是暖色系中的代表色彩，象征着时尚、青春、快乐且充满活力。年轻的职场女性穿上它不但能显得神采奕奕，也含有成熟与幸福之意。

黄色也是一种活泼的颜色，适合在气氛较轻松和活泼的工作场合穿着。但对情绪压抑、悲观失望者，会加重这种不良情绪，当近来工作任务繁重、士气低落、压力巨大、情绪易怒时，最好不要选择黄色。

绿色是令人感到清新、平静和舒适的色彩，除了具有镇静神经、降低眼压、解除眼疲劳等众所周知的作用，自然的绿色还对消极情绪有一定的舒缓作用。不过要注意的是，长时间在绿色的环境中，易使人感到冷清。

蓝色代表宁静、清新和自由，淡蓝色衬得人温柔而年轻，深蓝色则显得优雅而端庄。

紫色是高贵神秘、略带忧郁的色彩，它代表权威、声望和高雅。穿着紫色的女性通常给人优雅、神秘、充满魅力且印象深刻的感觉，但搭配不当可能会造成自傲和压迫感的负面作用。紫色还是创意和好主意的体现，如果你所在的行业需要更多灵感，不妨多添置几件紫色的衣服。

3. 独立色系

独立色不属于无彩色和有彩色两大类，其颜色机能也与之不同，个别独立，如金色、银色、铜色等。独立色的服饰最好在晚间正式的社交场所里使用，给人华贵的感觉。但独立色的装饰性物品不适合在工作场所过多使用，否则太过引人注目，给人浅薄和俗气的印象。

二、色彩的三要素

1. 明度

颜色的明暗程度即明度，也称深浅度，是表现色彩层次感的基础。在无彩色系中，白色明度最高，黑色明度最低；在有彩色系中，黄色明度最高，紫色明度最低。任何一个有彩色，当掺入白色时，明度提高；当掺入黑色时，明度降低，同时其纯度也相应降低。

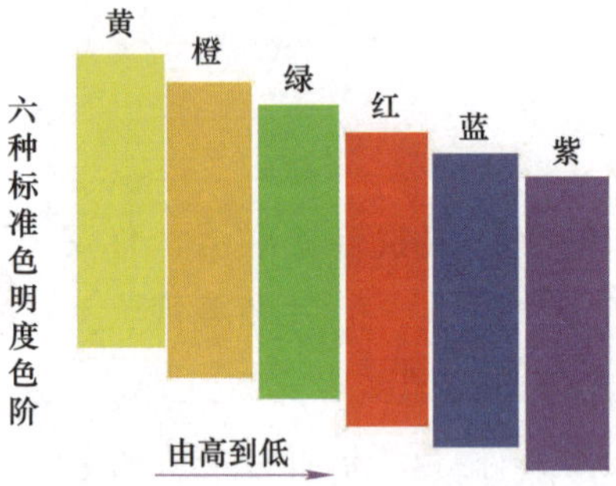

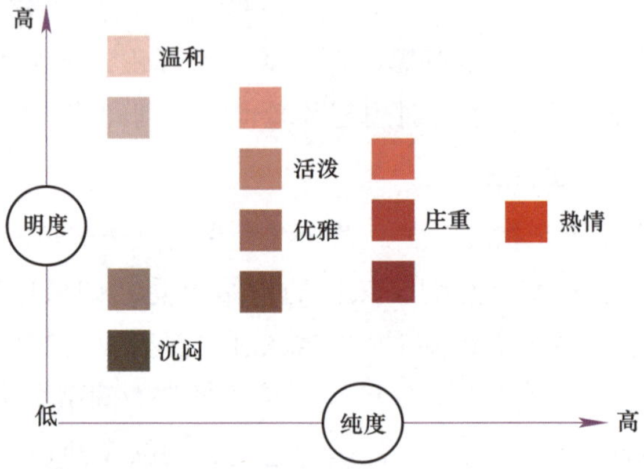

2. 色相

颜色本身的具体面貌即色相，是区别各种色彩的名称，如红、橙、黄、绿、蓝、紫等。

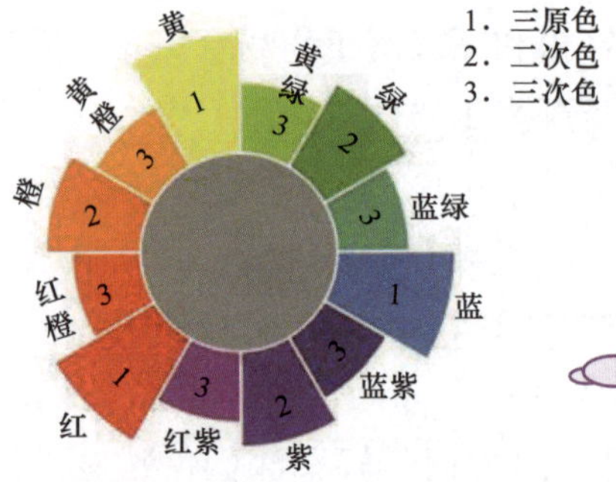

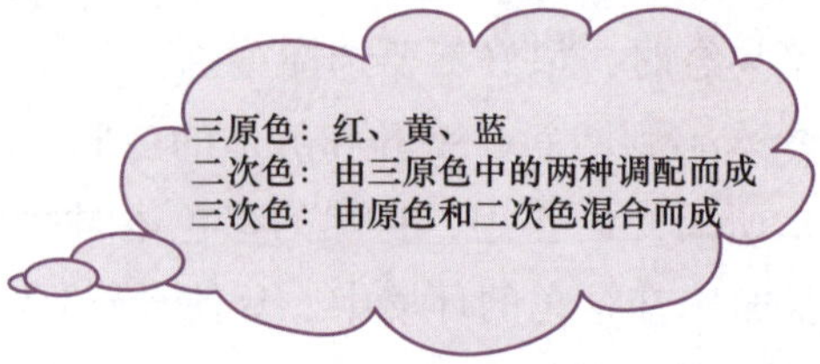

3. 纯度

颜色的纯粹程度即纯度，也称饱和度，表示原色在色彩中所占的比例。纯度越高，颜色越鲜明。当一种色彩加入黑、白或其他颜色时，纯度就产生变化，加入其他色越多，纯度越低。

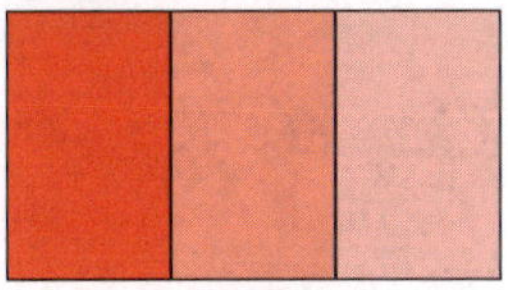

加入白色

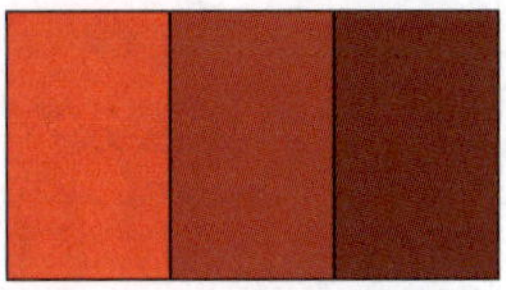

加入黑色

在职场中，一般不适合穿着高纯度颜色的服饰，因为会在色彩心理上产生不被信任的感觉。

三、色彩的运用

1. 互补色

三原色中的一原色与其他两原色混合而成的间色，称为互补色。如红和绿、蓝和橙、黄和紫，这几组颜色强烈、充实、有运动感，但使用不当也易产生过分刺激、生硬、不安定的缺点。互补色可用作需要明确、刻意强调时使用的颜色。

2. 对比色

在 24 色相环上相距 120° ～ 180° 之间的两种颜色，称为对比色。从色调中可以看出，冷色和暖色、深色和浅色、灰色调和鲜色调是同时并列的关系。对比色在日常生活中常常被用到，可以表现出特殊的视觉对比与平衡效果。职场中需要引起其他人注意时，可以多用对比色的配色。

3. 同类色

相邻或相近的色相称为同类色。选择同类色作为服饰的搭配，一方面两种颜色在纯度和明度上要有区别，另一方面又要把握好两种色彩的和谐，使之互相融合，取得相得益彰的效果。一般邻近色的搭配有：黄与绿、黄与橙、红与紫和蓝与紫等。在不得不参加的应酬上，则可以选择同类色的服饰颜色组合，可以使自己在人群中不太显眼。

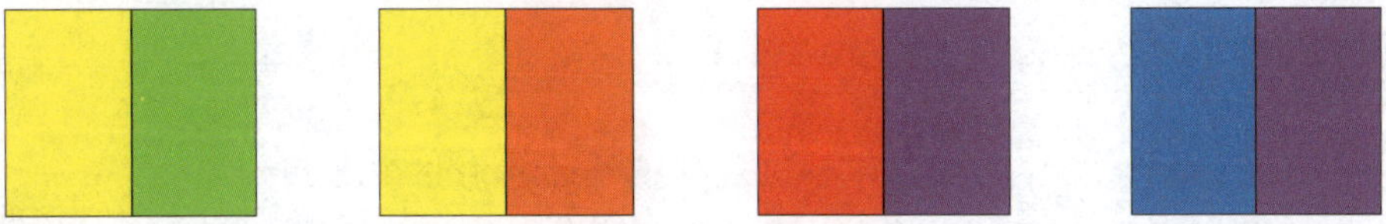

4. 冷暖色

色彩学上根据心理感受，把颜色分为暖色（红、橙、黄）、冷色（青、蓝）和中性色（紫、绿、黑、白、灰）。

红、橙、黄等色常使人联想起太阳和火焰，因此有温暖的感觉，所以称为“暖色”。暖色给人活泼、热情、兴奋、温暖的感受。

青、蓝等色常使人联想起蓝天和海洋，因此有寒冷的感觉，所以称为“冷色”。冷色容易让人感到清爽、开阔、安静和沉稳。

色彩的冷暖是相对的，二者之间没有明确的界限。如中性色中的紫色和绿色，若其中暖色成分较多，则偏暖色；反之，则偏冷色。

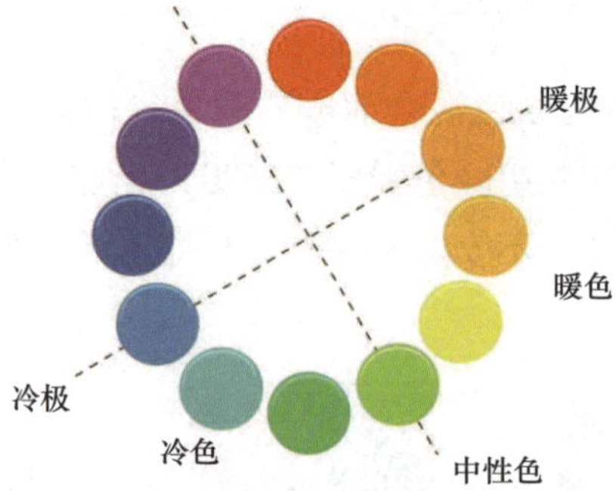

温馨提示

（1）全身色彩要有明确的基调，主要色彩应占较大的面积，相同的色彩可在不同部位出现。

（2）全身服装色彩要深浅搭配，并要有介于两者之间的中间色。

（3）全身大面积的色彩一般不宜超过两种，如穿花连衣裙或花裙子时，背包与鞋的色彩最好在裙子的颜色中选择。如果增加异色，会有凌乱的感觉。

（4）服装上的点缀色应当鲜明、醒目、少而精，起到画龙点睛的作用，一般用于各种胸花、发夹、纱巾、徽章等装饰性物件上。

色彩是一种特殊的世界语言，和音乐一样，不需要特定的语言文字，就能够在广大的世界范围内进行沟通。色彩还会对人的心理产生影响，在得意时刻意用沉稳的服饰颜色来提示自己不事张扬，在失意时恰恰会穿得光鲜些提醒自己不必颓丧。因此，职业人士在繁忙的工作生活中，要能够简单明了地抓住要点，学会把握和运用色彩，为职业形象增添光彩。

课堂互动

根据色彩的搭配原理，互相点评小组成员服饰的色彩搭配运用。

任务三　量身打造职场形象

衣着打扮可以反映出一个人对工作、对生活的态度，还能反映出个人的气质、性格等内在品质。那么，怎样着装才能衬托出气质、彰显出能力呢？

一、着装的原则

着装反映了一个人的文化素养和审美情趣。着装既要自然得体、协调大方，又要遵守约定俗成的规范或原则。着装除了要与个人的身体条件相适应，还必须符合客观环境、场合对着装的要求，即着装要优先考虑时间、地点和目的三大要素，并与之保持协调一致。

1. 与所处的环境相协调

当人置身在不同的环境、不同的场合，应该有不同的着装，要注意穿戴的服饰和周围环境的和谐。比如，在办公室就需要穿着正规的职业装或制服；比较喜庆的场合如婚礼、派对等可以穿着时尚、潇洒、鲜亮、明快的服装；庄严肃穆的场合如葬礼、遗体告别等，参加者的着装要素雅、庄重。

2. 与个人身份、角色相一致

每个人都扮演不同的角色、身份，这样就有了不同的社会行为规范，在着装打扮上也自然有相应的要求。比如柜台销售人员就不适合过分打扮自己，以免抢顾客风头；如果你是行政接待人员，着装则应端庄、大方、整洁、得体。

3. 与个人身体条件相协调

要了解自身的缺点和优点，通过服饰来达到扬长避短的目的。比如身材矮小的适合穿造型简洁明快、小花形图案的服饰；肤色偏黑或发红的，忌穿深色服装；肤色偏黄的，最好不要选和肤色相近的或较深暗的服装，如棕色、深灰、土黄、蓝紫色等，容易使人显得缺乏生机。

4. 与着装的时间相协调

只注重环境、场合、社会角色和自身条件而不顾时节变化的服饰穿戴，同样也不符合规范。比较得体的穿戴，在色彩的选择上也应注意季节性。如春秋季适合选择浅色调的服装，如棕色、浅灰色等；夏季可以选择色调淡雅的丝棉织物，冬季可以选偏深色的如咖啡、藏青、深褐色等的服饰。

二、职业女性的服饰规范

漂亮的衣服每个人都喜欢，但不是每一件漂亮的衣服都适合自己。着装除了讲究色彩、服饰等搭配外，还需要注意与体型的和谐，每种体型有不同的服饰搭配技巧。在选择各类服饰前，需要先了解自己的肤色、体型、脸型、肩臀比、腰部高度等，之后才能扬长避短，把自己最好的形象呈现在众人面前。

微课11 量身打造职场形象：职业女性的服饰规范

（一）体型与服饰搭配

根据女性身体部位的围度和比例，可以概括地将女性的体型分为H型、X型、A型、O型和Y型。

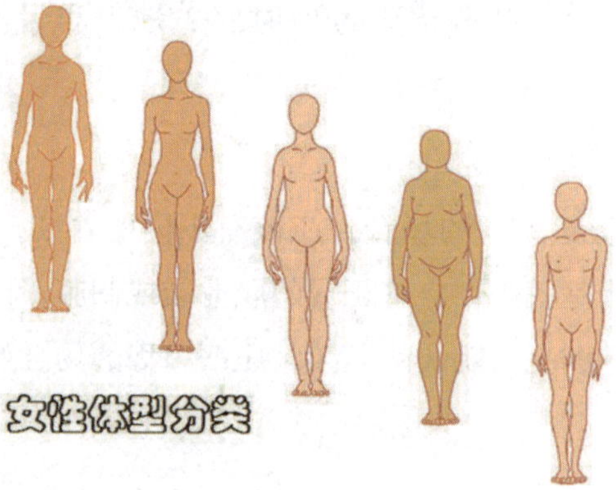

H型　X型　A型　O型　Y型

1. H型（长方形）

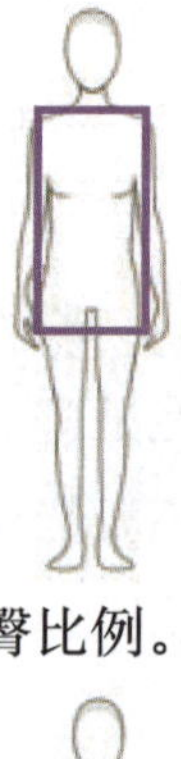

体型特点：肩部与臀部的宽度接近，身体最突出特征是直线条，腰身线条起伏不明显，整体上缺少“三围”的曲线变化。

择衣原则：在直线条的身材上创造女性曲线。

服饰搭配：①应避免巨型、较短或贴身的上衣；②如果身材属于比较瘦的H型，可以利用加宽肩部与臀部的设计来修正体型；③如果身材属于比较胖的H型，可以选择一些有腰线设计的服装。

运动建议：首选肚皮舞，可以增加腰部的曲线感和灵活性，打造出更明显的腰臀比例。

2. X型（沙漏形）

体型特点：胸部丰满，腰部纤细，臀部圆润，曲线明显，是女性感最突出的体型。

择衣原则：凸显曲线是关键，否则容易穿成H型平板身材。

服饰搭配：①如果身材纤细、身高中等，那么日常款式均可尝试；②如果身材比较丰满，那么应该注意身体与服装的契合度，可穿高腰连衣裙和深V型领款式衣服。

运动建议：可做仰面挺腹的运动，保持腰围纤细的同时丰满臀部。

3. A 型（三角形）

体型特点：臀大肩小，虽不一定胖，但是臀部的宽度比肩部宽。溜肩、小骨架，脂肪分布在臀部、腹部与大腿。

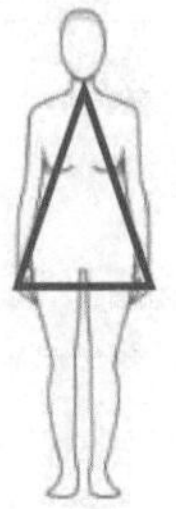

择衣原则：缩小下半身的视觉宽度，掩饰过宽的臀部，将视线引向上半身。

服饰搭配：①避免穿着长及臀部最宽处的夹克和宽松的蓬蓬裙，合体的西装裙与直筒裤较好。裙子或裤子的颜色宜选中性到黑色系。②臀部避免出现图案、贴口袋等设计元素，装饰品应位于身体的上部，使视觉注意力上移。③垫肩、肩章、收腰、胸口口袋、胸部褶皱、宽大的领子等都是较为合适的服饰搭配。

运动建议：首选游泳，可以丰富上半身的肌肉，下肢打水动作可以增强腰腹部紧致感。

4. O 型（圆形）

体型特点：最为突出的体型特点为圆润的肚子，腰部的宽度大于肩部与臀部的宽度。

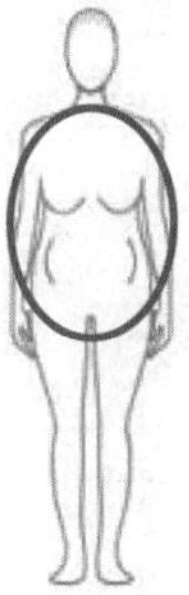

择衣原则：视觉重点转移至四肢，收缩腹部的膨胀感。

服饰搭配：①避免插肩袖与底摆收紧的夹克衫；②避免穿勒紧腰部且过于贴身的服装；③有垫肩的、简洁合体的服装较为适合；④上下身颜色一致，垂直线设计的合体的西装裙或长裤较好。

运动建议：首选拉丁舞，大量扭腰动作会减少腹部的脂肪，四肢伸展动作使其更健美匀称。备选肚皮舞。

5. Y 型（倒三角形）

体型特点：宽肩窄臀，背部较宽，胸部较为丰满，有腰部曲线，腿部较细，但体型外部特征整体呈现 Y 型。

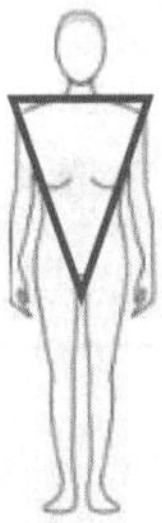

择衣原则：修饰肩部，收腰，丰满臀部线条。

服饰搭配：①在视觉上减小肩部宽度、加宽臀部，插肩袖或无肩缝的衣袖设计较为有效；②要选择简洁、宽松的上衣款式，避免穿着有垫肩、肩章或扩大肩部的衣服。

运动建议：如果上半身属于肌肉型，应避免游泳，选择瑜伽来拉伸肌肉，平衡全身。

（二）脸型与服饰搭配

在日常生活中，人的体型各异，而服装与体型配套的目的，就是通过修正服装的外形、式样、颜色等，来使个人整体形象显得更加美观，如通过对服装的调整在视觉上延长腿部长度或者弱化突出的臀部，或使偏窄的肩部变宽等。

在服装中，与头部最接近的部分就是衣领，了解自己的脸型，以及不同脸型运用不同的修饰方法扬长避短，可以使装扮更显协调、统一。领型的选择可以参考下表：

脸型	特点	适合领型
瓜子脸	瓜子脸适合领型较多，不同的搭配可以产生不同的效果，应考虑年龄、肤色、场合等因素进行选择	适合领型较多
椭圆脸	额头与颧骨部位基本一样宽，比下颌稍宽一些，脸的宽度约为长度的 2/3。椭圆脸通过发型的修饰可以达到瓜子脸的效果，所以可以尽量选择简单的领型以衬托漂亮的脸型	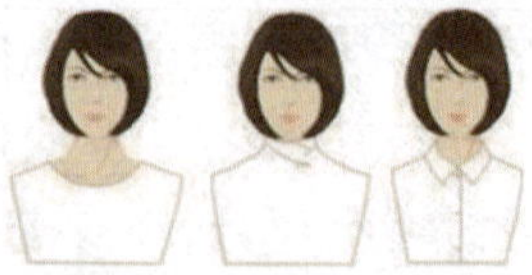
菱形脸	颧骨部位最宽，额头和下颌逐渐变窄，菱形脸看上去会显得比较尖锐，也比较个性。可选简单大气、领口浅的领型，对脸型起到衬托作用	
长方脸	额头、颧骨、下颌部位基本齐宽，脸宽小于脸长的 2/3。长方脸领型的搭配遵循相反搭配原则，浅口领型或是贴脖子领型都接近于脸部，从视觉上可以缩短脸长	
方脸	额头、颧骨、下颌的宽度基本相同，给人以方正感。可以选择有设计元素的领型搭配，可以起到转移对脸部注意力的作用，或者用 V 形领拉长脸部	
倒三角形脸	与瓜子脸特点相似	适合领型较多
三角形脸	额头较窄，下颌最宽，形似正三角形。V 形领能够起到收缩脸宽和转移视线的作用，所以很适合三角形脸的人群	
圆脸	额头、颧骨的宽度基本一样，但在脸型的转角处显得比较圆润丰满。领型搭配原则：相反搭配，圆方结合。方领、V 形领都能拉长脸型，起到很好的修饰作用	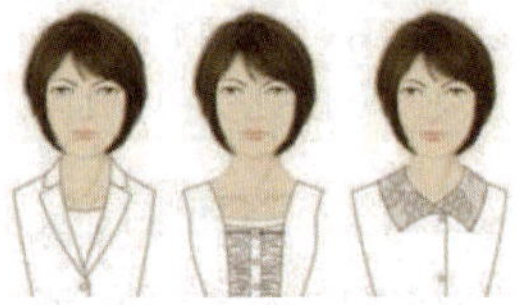

（三）职业装着装规范

职业女性正规的职业装一般包括上下分开的套装（长袖衬衣、长裤）和套裙，长裙和连衣裙并不适宜在商务场合穿着。注意，在正规场合穿衬衫一定要把下摆塞在裙子或长裤里面。

1. 色彩

职业女性在选择服装时要注意色彩的选择，浅灰色、米白色、粉蓝色的服装适合夏天穿着，深灰色、海军蓝、墨绿色则是冬天的色彩。颜色不应超过两种，体现出典雅、端庄、稳重。

2. 鞋袜

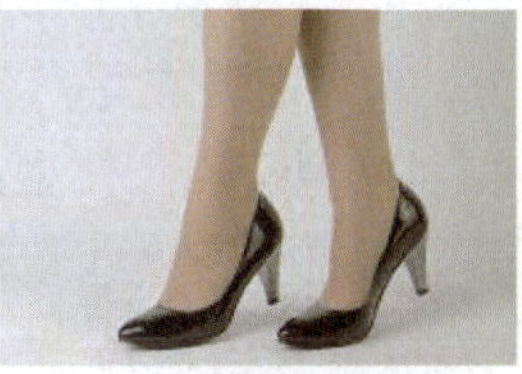

正规场合应穿带有鞋头、鞋帮的皮鞋。穿套裙时一定要穿丝袜，选择连裤袜最佳。丝袜脱丝、低筒丝袜会令腿部看上去很不协调，为了避免尴尬，可在随身皮包或办公室备一双丝袜。

3. 配饰

职业女性可选择一些与服装协调相配的丝巾、胸针等饰品，不同的搭配会让你看上去每天都有不同的穿着。但佩戴饰品也要注意以下几点：①最好不超过三件，否则会给人夸张的感觉；②不在职业场合佩戴有响声的饰品或金光闪亮的大耳环，容易给人留下轻浮的印象；③丝巾、腰带、手表、珠宝首饰等可以是相对传统的款式，也可以略显时尚，根据环境而定；④皮包的颜色、样式要与服饰相匹配，同时要保持干净，包内物品摆放要有条理。

三、职业男性的服饰规范

微课12　量身打造职场形象：男性西服礼仪

（一）体型与服饰搭配

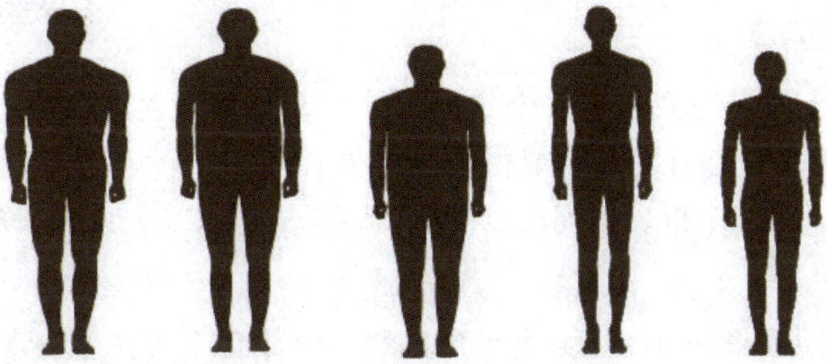

健美体型　高胖体型　矮胖体型　高瘦体型　矮瘦体型

1. 健美体型

体型特点：上宽下窄，肩宽腰细，大腿部的肌肉很发达。这是男子汉的应有身材标准。

服饰搭配：①上衣以肩部合适为准，裤子则能满足臀部和大腿的放松度；②一般号型的成衣对于这种体型，上衣、裤子容易在腰围处出问题，要修正。

2. 高胖体型

体型特点：个头高大，体胖，腹部凸出。

服饰搭配：①宜选择I型（宽松式）款式服装，上衣应略长一些；②不宜穿平肩或翘肩款式；③色彩以黑色和藏蓝色为主。

3. 矮胖体型

体型特点：个头稍矮，体胖，腹部稍显凸出。

服饰搭配：①宜选择I型（宽松式）款式服装，上衣不宜过长；②面料的花纹不宜太明显，一定要避免横向条纹的衣服；③不宜选粗纺花呢面料。

4. 高瘦体型

体型特点：体型高、偏瘦。

服饰搭配：①以肩部合适为基准；②不宜穿瘦细的裤子。

5. 矮瘦体型

体型特点：体型偏矮且瘦。

服饰搭配：①宜穿收腰上衣，衣长不宜把臀部全部盖住；②不宜穿黑、藏蓝、深灰色等深色调的衣服，宜穿浅灰色等亮色调衣服。

总之，在服饰上不要一味地生搬硬套，只有服装各类因素与个人身体条件相吻合，才是最重要的。

（二）职业装着装规范

西装由于其专业感、正式感，现已成为职业服装的首选款式。西装在形象塑造上发挥着巨大的作用，得体、经典的西装款式不仅是对服务对象的尊重，同时也能让着装者有一种职业责任感和规范感。

1. 西装的穿着原则

三一定律：男士在正式场合露面时，公文包、皮带、皮鞋应当注重色彩的合理搭配，最好为同一色系，并首选黑色。

三色原则：男士正装色彩，最好全身上下控制在三种颜色之内，这样有助于保持正装严肃的总体风格，并使正装在色彩上显得规范与和谐。

三大禁忌：袖口商标未拆、搭配白色袜子、穿短袖衬衣或夹克时系领带。

2. 西装的款式

（1）按西装的件数来划分，可分为单件西装、两件套（上装和下装）和三件套（上装、下装、马甲）。

（2）按西装的纽扣来划分，可分为单排扣西装（1粒、2粒、3粒）和双排扣西装（2粒、4粒、6粒）。

单排1粒扣　单排2粒扣　单排3粒扣　双排扣

（3）按适用场合不同来划分，可分为正装西装和休闲西装。

3. 衬衫

与西装配套的衬衫面料，应为高织精纺的纯棉、纯毛面料，或以棉、毛为主要成分的混纺衬衫；颜色必须为单一色，白色为首选，蓝色、灰色、棕色、黑色亦可；以无图案为最佳，有较细竖条纹的衬衫有时在商务交往中也可以选择；领型以方领为宜，扣领、立领、翼领、异色领不宜选择。

衬衫的第一粒纽扣，穿西装并打领带时一定要系好；衬衫袖口的扣子也要系好，而且绝对不能把袖口挽起来；衬衫的袖口一般以露出西装袖口外 1.5cm 为宜，这样既美观又干净；衬衫的下摆不可过长，而且下摆要塞到裤子里。

4. 领带

领带是男士在正式场合的必备服装配件之一，是男士西装的重要装饰品，对西装起着画龙点睛的重要作用。所以，领带通常也被称作“男人的名片”。

领带面料的质地一般以真丝、纯毛为宜；颜色一般选择单色（蓝、灰、棕、黑、紫色等较为理想），多色的则不应多于三种颜色，而且尽量不要选择浅色、艳色。

领带图案的选择则要坚持庄重、典雅、保守的基本原则，一般为无图案，选择圆点或条纹等几何图案也可以。

领带的长度以自然下垂时最下端处在皮带扣中间处为宜，过长或过短都不合适。

领带系法有以下几种：

（1）温莎结（The Windsor Knot）。因温莎公爵的喜爱而风靡世界的一种绅士领带系法，也被认为是最正统的领带系法。打出的结成正三角形，饱满有力，适合搭配宽领衬衫，可用于商务活动、出席社交和晚宴等庄重场合。因温莎结打出来的形状偏大，打法比较复杂，所以最好选择较薄质地面料的领带。

（2）半温莎结（The Half Windsor Knot）。顾名思义，它是温莎结的改良版，较温莎结更为便捷和轻松，适合较细的领带以及搭配小尖领与标准领的衬衫，但同样不适用于质地较厚的领带。

（3）四手结（The Four-in-hand Knot）。最为轻松的领带系法之一，通过四个步骤就能完成打结，故名为“四手结”。它是最便捷的领带系法，适合宽度较窄的领带和窄领衬衫。

风格简约、休闲，适合社交场合。

（4）平结（The Plain Knot）。平结和四手结的系法十分相似且同样方便，完成后的领结呈斜三角形，适合与窄领衬衫搭配。

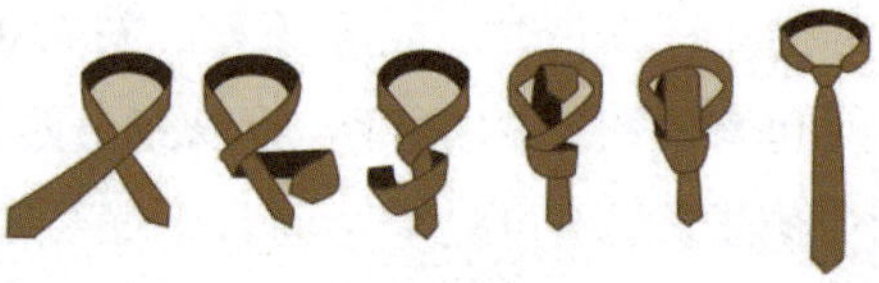

（5）交叉结（The Cross Knot）。交叉结的特点在于打出的领带结有一道明显的分割线，适用于颜色素雅且质地较薄的领带，时尚感十足。

（6）双环结（The Double Knot）。双环结适用于质地细致的细领带（如丝质领带），能营造时尚感，适合年轻的上班族日常使用。该领结的特色在于第一圈会稍露出于第二圈之外，这是其特色和美感所在，切勿刻意将其掩盖。

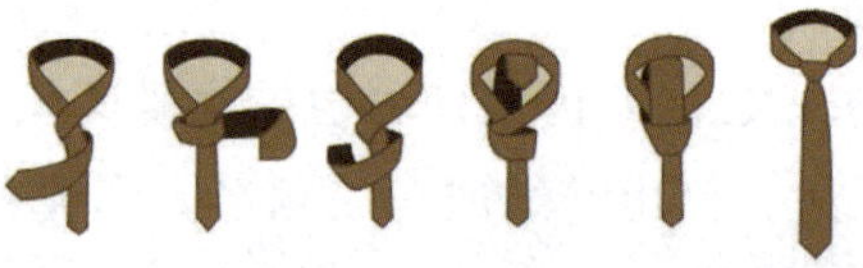

（7）双交叉结（The Double Cross Knot）。由于交叉与双环的结构，这种领带结打出来十分敦实和庄重，适合打造稳重、干练的形象，但只能搭配质地厚实的正式衬衫。双交叉结的系法如今已经越来越少见，它是表现尊贵的最好方式，适合在正式的场合与正统礼服搭配。

（8）亚伯特王子结（The Prince Albert Knot）。适用于质地柔软的细领带，同时可搭配扣领及尖领衬衫。因为要绕三圈方可系得平整自然，因此领带不宜选择较厚的质地，以柔软轻薄的领带为宜。

（9）浪漫结（The Trend Knot）。浪漫结顾名思义适合浪漫系列的领口和衬衣，领结的线条非常柔美，给人以非常整洁的印象。与其他领结不同的是，浪漫结的长度可以自由调整，窄边可以左右移动并使其小部分出现于宽边领带旁。

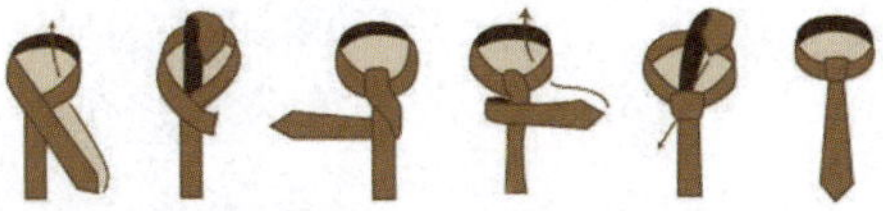

（10）马车夫结（The Simple Knot）。适用于质地较厚的领带，适合搭配标准式及扣式领口衬衫。这种领带结非常紧实，流行于 18 世纪末的英国马夫中，因而得名。马车夫结打法非常简单，易于调整领带长度，外出整装时方便快捷。

5. 西裤

西装讲究线条美，所以西裤必须要有中折线；西裤长度距离地面 1cm 左右为宜；不能随意将西裤裤管挽起来。

6. 皮鞋和袜子

穿西装时一定要搭配皮鞋，不能穿旅游鞋、便鞋、布鞋或凉鞋。在正式场合穿西装，一般穿黑色或咖啡色皮鞋较为正规。系领带时要穿系带的皮鞋。

袜子应与西裤、皮鞋颜色一致，一般为黑色、深蓝色或藏青色，绝对不能穿花袜子或白色袜子。另外，袜子的质地一般以棉线为宜，长度要高及小腿部位，保证坐下后腿部皮肤不外露。

7. 西装的扣子

西装的扣子有单排扣与双排扣之分。穿着单排扣西装，坐下时应解开所有扣子，避免西装出现褶皱；站立时，1 粒扣的西装应当系上扣子，2 粒扣的西装应只系上面一粒扣子，3 粒扣的西装只系中间一粒或上面两粒。而对于双排扣的西装来说，则要把扣子全系上。

8. 西装的口袋

西装讲求以直线为美。所以，西装上面有很多口袋为装饰袋，不能够装东西。上衣胸口外侧口袋只作装饰，如折好花式的手帕；内侧两个口袋可以放名片、笔等，物品不宜过大、过厚，否则影响西装穿着效果；而上衣下方两个外侧口袋不建议拆线，更不能手插口袋或放杂物，避免变得松垮。

西裤的口袋也与上衣袋一样，不能装物品，以求裤型美观。但裤子后兜可以装手帕、零用钱等。需要注意的是，把两手随意插在西装衣袋和裤袋里，是有失风度的。

课堂互动

请说出以下几种图案的领带分别适合什么样的人群？在什么场合佩戴才更得体？

项目实训

一、形象设计训练

今天公司要与一家外企签约，为庆祝签约成功，晚上公司还举办了酒会，请做出今天你的形象设计方案。

我的形象设计方案

我的肤色：________

我的个性：________

我适合的色彩：________

我的脸型：________

我适合的发型：________

我适合的领型：________

我的体型：________

我适合的款型：________

参加签约仪式时我的穿着：________

参加签约仪式时我的妆容：________

参加酒会时我的穿着：________

参加酒会时我的妆容：________

二、领带、丝巾系法训练

以小组为单位，分组练习领带和丝巾的系法。

02

|模块二|

职场日常交际

项目一　办公礼仪——做最受欢迎的人

知识目标

- 了解职场中各种称呼的使用。
- 掌握职场人际交往过程中空间距离的要点和影响因素。
- 了解并掌握办公环境的基本礼仪要点。
- 掌握职场中电子邮件的格式和使用规范。

技能目标

- 能根据不同身份选择合适的职场称呼。
- 能把握职场中合适的空间距离。
- 能整理好办公环境，注意办公用品摆放位置。
- 能使用电子邮件进行良好的沟通。

素质目标

- 培养学生掌握职场中的称呼礼仪规范。
- 培养学生接人待物的处理能力。
- 培养学生整理办公环境的能力。
- 培养学生正确、规范使用电子邮件进行良好沟通的能力。

情景导入

宋洋进入公司的第一天，逢人便尊敬地称对方为“老师”，不少同事欣然接受。

领导带宋洋来到一位女同事面前，告诉他将跟着这位女同事实习时，他更加恭敬地叫了人家一声“老师”。这位女同事连忙摇头：“大家同事，你可别叫我老师，直接叫我名字就可以了。”宋洋觉得叫姓名不够尊重，叫老师对方可能又觉得生疏，该怎么办呢？

进入职场工作与人打交道是第一关，如何开口、如何正确地开口，在一定程度上决定了自己的职业生涯能否成功开始。为了尽可能做到大方有礼，一定要学会使用正确的职场称呼。

项目设定与分析

做有礼的职场新人

宋洋进入职场后，与人打交道的第一关并没有很顺利地通过。他决定好好学习办公室的基本礼仪，创造一个温馨和谐的工作环境，同时把自己塑造成受欢迎的职场新人。

分析报告

办公室是个大家庭，在办公室的工作生活也属于一种集体生活，掌握办公室的基本礼仪，在举手投足间展现出礼仪素养，对于营造一个相对轻松、舒适的办公环境非常重要。

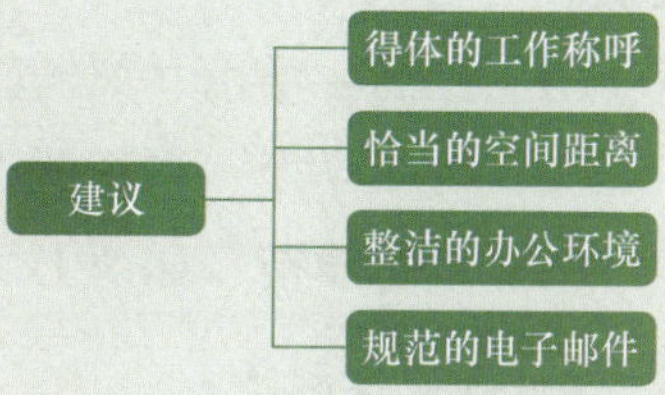

项目实施

微课13　得体的工作称呼

任务一　得体的工作称呼

称呼是指人们在日常的交往中所采用的彼此之间的称谓语，是人与人之间用得最多的一种见面礼节。在职场中选择正确的、恰当的称呼，反映了对对方的尊重和自身的教养，也体现了双方关系发展所达到的程度和社会风尚，因此称呼不能随便乱用。

新人刚进入职场，如果实在不清楚该怎么称呼对方，可以客气地说：“对不起先生，我是新来的，不知道我该怎么称呼您？”不知者不怪。对方要求直呼其名，你作为一个新人，最好不要如此称呼，因为让你直呼其名完全有可能是对方的客套。

一、称呼的分类

工作中使用称呼的原则是庄重、正式和规范，按照此原则，可以将称呼分为以下几类。

1. 职务性称呼

以交往对象的职务相称，以示身份有别、敬意有加。这是一种最常见的称呼，一般在较为正式的职业场合如官方活动、公司活动中使用。

（1）姓名＋职务：如王平董事长、李凌峰总经理等。

（2）姓＋职务：如周经理、隋处长、马委员等。

（3）仅称职务：如部长、经理、主任等。

2. 职称性称呼

对于有专业技术职称，尤其是具有中高级职称者，可以直接以其职称相称。

（1）姓名＋职称：如李美萍教授、陈秋成讲师等。

（2）姓＋职称：如杨教授、孙工程师等。

（3）仅称职称：教授、工程师等。

3. 学衔性称呼

按对方的学衔进行称呼，一般可以增加被称者的权威性，也有助于增加现场的学术气氛。

（1）姓名＋学衔：如杨静博士。

（2）姓＋学衔：如杨博士。

（3）仅称学衔：如博士。

4. 行业性称呼

按所从事的行业进行称呼，一般可以直接以职业作为称呼，如将教员称为“老师”，将教练员称为“教练”，将警察称为“警官”，将会计师称为“会计”，将医生称为“医生”或“大夫”等。此类称呼前均可加上姓氏或姓名，如王老师、周医生、李律师等。

5. 姓名性称呼

在职场中直接称呼对方姓名，一般只适用于同事和熟人之间。

6. 性别性称呼

对于服务业从业人员来说，一般可按性别的不同称呼对方为“小姐”“女士”“先生”。未婚者称为“小姐”，已婚或者不明确其婚姻状况者则称为“女士”。

二、工作中的称呼禁忌

1. 使用错误的称呼

（1）误读。一般表现为念错被称呼者的姓名。要避免犯此错误，就一定要做好前期准备工作，必要时可向对方虚心请教。

（2）误会。主要指对被称呼者的年纪、辈分、婚否以及与其他人的关系做出错误判断。比如，将未婚女士称为“夫人”，就属于误会。

2. 使用过时的称呼

有些称呼，具有一定的时效性，一旦时过境迁，若再采用，难免贻笑大方。比如，法国大革命时期人民彼此之间互称“公民”；在我国古代，称呼官员“老爷”“大人”。若将它们全盘照搬进现代生活里，就会显得滑稽可笑、不伦不类。

3. 使用不通用的称呼

有些称呼，具有一定的地域性，比如，北京人爱称人为“师傅”，山东人爱称人为“伙计”。但是，在南方人听来，“师傅”等于“出家人”，“伙计”肯定是“打工仔”。

4. 使用庸俗低级的称呼

在人际交往中，有些称呼在正式场合切勿使用。例如“兄弟”“朋友”“哥们儿”“姐们儿”“瓷器”“死党”“铁哥们儿”等称呼，就显得庸俗低级。逢人便称“老板”，也显得不伦不类。

温馨提示

俗语说：十里不同风，百里不同俗。在涉外交往中，称呼的问题因为国情、民族、宗教、文化背景的不同，而显得千差万别，十分复杂。在对外交往中，关于称呼问题切记两点：其一，要掌握一般性规律，即国际上通行的做法；其二，要留心国别差异，加以区分对待。

课堂互动

（1）李莎初入职场，面对第一次谋面的同事，她应该如何称呼才不出错呢？

（2）小王与部门经理徐经理共事多年，最近由于徐经理人事调动，具体职位还未确定，小王见到徐经理后究竟应该如何称呼他呢？

任务二　恰当的空间距离

微课14　恰当的空间距离

俗话说：距离产生美。职场人际交往中，适度的距离能增进相互的友谊，促进情感交流；不合适的距离却会适得其反，甚至带来尴尬、失意、挫败。保护自己的人际空间，尊重和爱护他人的人际空间，从而维护自己和他人的尊严、人格，是办公礼仪的重要内容之一。

在尊卑之间、职级之间、主客之间、亲疏之间等，应体现出合适的空间距离。这个合适的空间距离，又可称为空间场，是指每个人对周围空间大小的需求程度。人都有一个把自己圈住的心理上的个体空间，它就像一个无形的“气泡”一样为自己“割据”了一定的“领土”，一旦这个“气泡”被人侵犯，就会感到不舒服、不安全，甚至恼怒。

一、空间距离礼仪

交往双方的人际关系以及所处情境决定着相互间自我空间的范围，依照范围大小可将人与人交往的距离分为以下几种。

（1）亲密距离。这是人际交往中的最小间隔，即通常所说的“亲密无间”。其近段在15cm以内，彼此可能肌肤相触；其远段在15～46cm，表现为挽臂执手、促膝谈心等。这是恋人、夫妻、父母子女等至爱亲朋之间的交往距离。在社交场合、大庭广众面前或一般的异性之间是绝对禁止的，否则不仅不雅观，还会因为不礼貌而引起另一方的反感甚至冲突。

（2）个人距离。这是一个更有“分寸感”的交往空间，一般近段在46～76cm，稍一伸手就可触及对方。双方可以亲切握手，有一种亲切感；远段在76～122cm，双方都把手伸直，还有可能相互触及。由于这一距离有较大开放性，亲密朋友、熟人可随意进入这一区域。

（3）社交距离。这已超出了亲密或熟悉的人际关系，体现出一种社交性的或礼节性的较正式关系。近段在1.2～2.1m，在工作环境中，领导与部属谈话、布置任务、交代工作、听取汇报等一般保持这个距离。在一般的社交聚会上，陌生人之间、客户之间商谈事务时也采取这一距离。远段在2.1～3.7m，表现为一种更加正式的交往关系，这是商业活动、国事活动等所采用的距离。

（4）公众距离。在这个空间中，人际间的直接沟通大大减少。其近段在3.7～7.6m，远段则在7.6m以外。这是一个几乎能容纳一切人的“门户开放”的空间。这通常是小型活动的讲话人与听众之间的距离，如课堂上讲课的教师与听课的学生之间的距离。远段在7.6m以外，这是大型报告会、听证会、文艺演出时报告人、演讲者、演员与听众、观众之间应当保持的距离。重要人物在演讲时需要与听众之间保持这一距离，以便在增强权威感的同时，增强安全感。

这四种交往距离、范围的划定，为职场人员寻求最为适合特定场景和对象的交往空间提供了模式，但这一距离范围并不是“铁律”，不同的人所需的个体空间的范围有所不同，同一个人在不同心理状态下所需的个体空间也会有所变化。因此，交往空间具有较大的伸缩性。

身体靠得太近、随意触摸都有可能侵犯别人的个人空间，除此之外，还有一种侵犯方式—— 声音侵犯，容易被我们忽视。在商务场合通行的原则是：你和别人说话时，音量控制在“对方能听清楚你在说什么”就足够了。尤其是在机场、餐厅、电梯里，“不用声音去侵犯别人”是一种基本的礼仪修养。

二、影响空间距离的因素

影响空间距离的伸缩与变化的主要因素包括民族传统差异、性别差异、社会地位差异、年龄差异、性格差异、情绪状态和环境差异等。

1. 民族传统差异

民族文化传统不同，人们交往的空间意识会有所差异。例如，同样是欧洲国家，丹麦、挪威等国，人们要求人际接触的距离稍大一些；而其他许多欧洲国家的人则要求这种距离稍小一些。再比如，西方人看中宽松的氛围，崇尚个人自由，不愿意在电梯、地铁里与人接触；而东方人则不会如此，可以容忍身体与身体接触的那种拥挤。

2. 性别差异

男性之间的空间距离比女性之间的空间距离要大一点；当女性与陌生男性相遇时，要求空间距离必须大一些；互不相识、年龄相仿的异性在社交场合初识，距离宜远一些；互相熟悉并经常有来往的异性，交往的最佳距离在 1.5m 左右。

3. 社会地位差异

社会地位较高的人总是有意识地与下级保持较大的社交距离，以保证自己获得足够的权威感和神秘感，也让对方感到不可轻易接近。因此，与领导、上级交往时，我们不妨主动离他们稍微远一点，不要“冒犯”他们的威严与神秘。相反，如果你已经在职场上处于较高的职位，在与下属、雇员打交道时，可以主动离其近一点，让其体会到受尊重的感觉。

4. 年龄差异

年纪较大的人与年纪较小的人相处，双方都会有缩小空间距离的意愿，而同龄人之间则有一种要求扩大交往距离的潜在冲动。当与老师、家长、领导、长辈相处时，特别是希望得到他们的指教、帮助时，为了表示诚恳与迫切，相互间的距离应当尽量近一些，最好站在其身旁。而当我们与同龄人，特别是初次相见的同龄人之间洽谈生意、交流信息时，应距离远一些，否则，可能引起对方的反感与不快。

5. 性格差异

性格外向、开朗的人容易突破空间界限，对对方的主动“侵入”也不会太反感。因此，与外向的人打交道，距离可以近些。在交谈时，适当缩小距离，可以使对方增加对你的好感。性格内向、孤僻的人则总是严守交往界限，绝不主动缩小空间。因此，与内向的人打交道，要时刻保持应有的空间距离，不要触犯对方的防范心理和独立性。

6. 情绪状态

人的情绪状态是影响交往空间距离变化最大的因素。在人的情绪处于极度兴奋或极度压抑等状态时，可能就会暂时忽略其他各种因素，采取一种不合常规的空间界限与人交往。在心情愉快舒畅时，个体空间就会缩小，允许别人靠得很近；而若生气闷闷不乐时，个体空间便会非理性地扩张，甚至连亲密朋友也可能被拒之于外。

7. 环境差异

环境也是制约人的空间意识的重要因素，人的空间意识会自然地随着环境的变化进行调整。例如，一位女士在野外散步，一位陌生男士如果靠近同行，这位女士就一定会紧张不安，产生疑虑、惊慌；但如果是在拥挤的公共汽车上，即使距离很近也不会让人产生紧张感。

以上是根据人的生理、心理特征和礼仪规范的基本要求对人际交往的空间范围做出的概括性和普遍性的分析。尽管从社会到个人都存在一定的差异，并会对交往距离产生不同程度的影响，但在职场中还是应该学会在实践中摸索，总结出既能适合对方，又能适合场景、适合自己的交往空间的三维标准。只有这样，才能应对各种社交场合，在人际交往中达到沟通与行礼的统一。

课堂互动

请针对以下案例谈谈你的看法，评价一下交际对象的社交礼仪行为有何不妥之处或可借鉴之处。

（1）教师办公室，伴随着一声“报告”，正埋首在学生作业中的李老师抬起头来，班上的王新同学敲门而入，径直走到李老师面前：“李老师，我要向您报告一件事……”，高个儿的王新站在李老师面前，李老师不得不抬起头仰望着王新，这样脖子很酸，加之靠得很近，于是李老师站起来，拉着王新到办公室一侧的沙发坐下，请王新慢慢讲。

（2）公司新招的员工小王是个性格开朗、热情大方的小伙子，喜欢和人交朋友，平时和同事交谈时喜欢搂着对方的肩膀，和对方靠得很近，有时甚至凑到同事的耳朵跟前说话。可是，一段时间后，小王发现同事们有些不愿意和他说话，老远看见他就找个借口离开。小王很纳闷，不知道自己出了什么问题。

任务三　整洁的办公环境

微课15　整洁的办公环境

办公室既是公共场合，又是办公场所，如果在办公室内创造并保持一个整洁、明亮、舒适的工作环境，可以使人产生积极的情绪，很快进入工作角色，效率就会提高；反之，容易使人情绪低落，工作效率也会随之降低。

一、办公室环境礼仪

办公室环境首先是一种无声的语言，向空间内的人传递出某种信息，可营造出文明、友善、积极、奋进的氛围。办公室的合理布置和规划能使置身其中的人自觉提升职业素养，提高工作效率，因此，在日常工作中，我们应注意以下几点。

1. 办公桌物品摆放

保持办公室环境干净、整洁，物品摆放井然有序。通常，办公桌上应当只摆放手头正在处理的与工作有关的资料，如电话、电脑、记录用的本和笔、日程表（商务手册）、常用资料、便笺等，与工作无关的物品最好清除。如果暂时离开座位，应将文件覆盖起来，保密的资料更应该注意随时收存。

2. 办公环境其他要求

办公室内，每一位工作人员都要讲究卫生，不可随意乱扔垃圾。

办公室内的空气是另一个需要注意的问题。有的公司会安排员工在办公室内用午餐，用完午餐后，请立即清新空气，避免餐食的气味弥漫整个空间，一旦有客人来访，会影响公司的形象。

女士在办公室内不要毫不避人地化妆，这对其他同事也是一种不尊重的表现。

二、办公设备使用礼仪

1. 办公电脑的使用

（1）对于办公电脑应爱护有加，平时要擦拭干净，下班关机；外接插件时，要正常退出，避免产生数据丢失、电脑崩溃等故障。

（2）工作时间不能公私不分，打游戏、网上聊天等都是违反劳动纪律的行为。

（3）办公室里的电脑桌面和屏幕保护图片应当以山水风景画为主，风格健康向上，不要使用与工作岗位和职业风格不符的图片。

2. 其他办公设备的使用

（1）要充分考虑他人的需要，不要霸占公用的传真机、复印机、打印机，并爱护这些设备。设备使用完毕后应当调整至常规状态。

（2）如果对这些设备不熟悉，则应当先阅读使用说明书或者向同事请教。

课堂互动

有人认为办公桌乱点儿没关系，不必讲究太多。请比较以下图片，试分析两张办公桌主人的工作态度。

任务四 规范的电子邮件

微课16 规范的电子邮件

在职场交往中，尊重他人首先就要懂得替他人节省时间，电子邮件礼仪中的一个重要方面就是节省他人时间，只把有价值的信息提供给需要的人。当你作为发件人写电子邮件时，要想到收件人会怎样阅读这封邮件，时刻站在对方立场考虑，学会换位思考。

一、邮件主题

主题是接收者了解邮件的第一信息，因此要起到提纲挈领的作用，这样可以让收件人迅速了解邮件内容并判断其重要性。

（1）主题要简短扼要，不宜冗长，严禁使用空白主题。

（2）主题要能反映文章的内容和重要性，切忌使用含义不清的主题，如“王先生收”。

（3）一封邮件尽可能只针对一个主题，不在一封邮件内谈及多件事情，以便日后整理，切忌随意使用“紧急”之类的字眼。

（4）回复对方邮件时，可以根据回复内容需要更改主题，切勿使用自动生成的主题。

二、称呼与问候

1. 恰当地称呼收件人

邮件的开头要称呼收件人，这既显得礼貌，也明确提醒该收件人，此邮件是发送给他的，要求其给出必要的回应。如果对方有职务，应按职务尊称对方，如“张经理”；如果不清楚职务，则应按通常的“李先生”“陈小姐”等进行称呼，但要把性别先搞清楚。

不熟悉的人不宜直接称呼英文名，对级别高于自己的人也不宜称呼英文名。同时，称呼全名也是不礼貌的，随意使用“Dear 某某”也是不可取的。

2. 开头结尾要有问候语

较为正式的邮件在编辑时要使用和正式的信笺一样的文体。开头要用“尊敬的”或者“先生 / 女士，您好！”结尾要有祝福语，并使用“此致 / 敬礼!”这样的格式。

三、正文内容

1. 正文内容简明扼要

邮件正文应简明扼要地说清楚事情，如果具体内容确实很多，正文应只作摘要介绍，然后单独编辑一个文件作为附件进行详细描述。正文行文应通顺，多用简单词汇和短句，准确清晰地表达，防止出现晦涩难懂的语句。

2. 注意论述语气

根据收件人与自己的熟络程度、等级关系以及邮件是对内还是对外性质的不同，选择恰当的语气进行论述，以免引起对方不适。尊重对方，“请”“谢谢”之类的语句要经常出现。

3. 注意分段

如果事情复杂，最好使用序号分段落进行清晰明确的说明，同时注意保持每个段落简短。

4. 一次性交代完整

在一次邮件中要尽量把相关信息全部说清楚、说准确，坚决杜绝发送“补充”或者“更正”之类的邮件，以免引起对方反感。

5. 注意检查错误

这是对别人的尊重，也是自己态度的体现。如果是英文邮件，最好把拼写检查功能打开。在邮件发送之前，务必要仔细阅读一遍，检查行文是否通顺、拼写是否有错误等。

6. 合理提示重要信息

避免随意使用大写字母、粗体斜体、颜色字体、加大字号等手段对一些信息进行提示，合理的提示是必要的，但过多的提示会让人抓不住重点，影响阅读。

7. 合理利用图片、表格等形式来辅助阐述

对于带有技术介绍或讨论性质的邮件，单纯以文字形式很难描述清楚，此时可以配合图表加以阐述，可以使内容表达更加清晰、直观。

8. 慎用表情字符

在商务信函里面使用表情字符显得比较轻佻，不够正式和严肃，应尽量避免。表情字符只可用在某些确实需要强调一定的轻松气氛的场合。

9. 尊重对方的阅读习惯

发送或回复邮件时，应使用与对方邮件相同或对方日常使用的语言。同时，选择便于对方阅读的字号和字体，中文可用宋体或新宋体，英文用 Verdana 或 Arial 字体，字号用五号或 10 号字即可，这是较为适合在线阅读的字号和字体。避免使用稀奇古怪的字体，公务邮件最好不用背景信纸。

四、附件

如果邮件带有附件，应在正文里面提示收件人查看附件，特别是带有多个附件时。附件数目不宜超过 4 个，数目较多时应打包压缩成一个文件；如果附件过大（不宜超过 2MB），应分割成多个小文件分别发送。如果附件是特殊格式文件，应在正文中说明打开方式，以免影响使用。

五、结尾签名

每封邮件在结尾都应签名，这样对方可以清楚地知道发件人信息。

1. 签名信息不宜过多

电子邮件消息末尾加上签名是必要的。签名信息可包括姓名、职务、公司、电话、传真、地址等，但信息内容不宜过多，一般不超过 4 行。只需将一些必要信息放在上面，对方如果需要更详细的信息，自然会与你联系。

2. 不要只用一个签名

对内、对私、对熟悉的客户等群体的邮件往来，签名应简单、明了，过于正式的签名会显得与对方疏远。可以设置多个签名，灵活调用，字号一般应比正文字号小一些。

六、邮件回复

1. 回复及时

收到他人的重要电子邮件后，应该即刻回复对方，这是对他人的尊重。理想的回复时间是 2 小时内，特别是对一些紧急且重要的邮件更应及时回复并快速处理。而对于一些优先级较低的邮件可集中在特定时间处理，但一般不应超过 24 小时。

如果事情复杂，无法进行完整确切的答复，也要及时做出响应，告知对方已收悉，比如回复说“收到了，我们正在处理，一旦有结果就会及时回复”。如果出差或休假，应该设定自动回复功能提示发件人，以免影响工作。

2. 回复具有针对性

如果收发双方就同一问题的交流回复超过 3 次，说明交流不畅，此时应采用电话沟通等其他方式进行交流，之后再判断。

电子邮件有时并不是最适合的交流方式，对于较为复杂的问题，多个收件人频繁回复、发表看法，将导致邮件过于冗长笨拙而不方便阅读。此时应及时对之前讨论交流的结果进行小结，删减瘦身，突出有用信息。

课堂互动

你在网上看到一则招聘信息，准备通过电子邮件投递个人简历，请撰写这封电子邮件。

项目实训

一、工作称呼训练

刘师傅年近 60 岁，工作经验丰富，在同事中的口碑也不错，但职位不高。单位里的胡经理比他后入职很多年，年纪也不大，还曾经跟刘师傅做过学徒。两个人每次碰面都有些不自在，刘师傅有时称呼胡经理为“胡总”，每次刘师傅使用尊称时总让人感觉他是在说反话，话里带刺。后来刘师傅认为自己年纪也不算小了，也即将退休，索性就直接以“小胡”称呼胡经理。

要求：各小组分角色进行扮演，讨论以上情景的称呼是否存在问题。

二、空间礼仪训练

（1）模拟在拜访客户、向领导汇报工作时应与客户、领导保持的礼貌空间距离。

要求：学生两人一组，分别扮演职员、客户和领导，模拟训练在拜访客户和向领导汇报工作的过程中应保持的空间距离。

（2）某公司准备邀请当地知名的张教授到公司进行一场学术性演讲，办公室小刘负责演讲会场的布置，请帮小刘考虑一下如何运用空间礼仪的知识放置演讲台。

要求：学生分组，运用空间礼仪的知识布置演讲会场，重点注意演讲台与听众席的距离。

项目二 沟通技巧——和睦相处有方法

知识目标

- 了解职场中赞美的基本原则，掌握赞美的技巧。
- 掌握人际交往中道歉的黄金法则和基本要领。
- 掌握职场人际交往中的说服技巧及在说服过程中的注意事项。
- 掌握拒绝的技巧和策略。

技能目标

- 能在职场人际交往中真诚地赞美对方。
- 能根据不同问题进行诚恳的道歉。
- 能在职场人际交往中灵活地说服对方。
- 能根据自己的实际情况进行委婉的拒绝。

素质目标

- 培养学生职场沟通的能力。
- 培养学生分析和解决人际关系问题的能力。

情景导入

作为刚入职的新人，宋洋十分积极，工作开展得有声有色。除此之外，他还希望尽快地融入公司、融入团队。他明白，作为一名职场新人，一定要有良好的人际关系，于是他决定先从赞美同事做起。这天，他看到同事王丽说："您今天穿的这件衣服，比前天的那件衣服好看多了。"看到郭主任办公桌上的照片说道："去年您拍的这张照片，看上去真年轻呀！"奇怪的是，大家听了他的赞美却一点也不高兴。

在工作生活中，一般人往往容易注意到他人的缺点而忽略其优点及长处。因此，发现他人的优点并给予由衷的赞美，是一种难能可贵的美德。在人际交往中，不应吝啬你的赞美，但也应当避免使用不合理的赞美之词。

项目设定与分析

友好相处

宋洋不明白，自己很想和同事们拉近距离，却没有换来大家的笑脸。于是他决定努力学习职场沟通技巧，让自己成为办公室里受欢迎的人。

分析报告

无论面对的是上级、客户，还是下级或同事，没有人会因为你真诚的赞美和诚恳的道歉而动气发怒，良好的人际关系可以有效提高工作效率。

建议
- 真诚的赞美
- 诚恳的道歉
- 灵活的说服
- 委婉的拒绝

项目实施

微课17　赞美与道歉

任务一　真诚的赞美

赞美，即是对一个人的称赞与颂扬。真诚的赞美，是真实诚恳、发自内心地对他人的肯定和赞赏，而不是阿谀奉承、溜须拍马。心理学家认为，人除了生存的基本需求之外，还希望得到他人的认可、理解和赞美，这种希望一旦得到满足，便会成为推动前进和积极向上的动力。

对成功者的赞美，可以使其快马加鞭、不骄不躁，更上一层楼；对失败者的赞美和鼓励，可以帮助其增强信心，克服消极情绪，奋发向上；对强者的赞美，可以使其总结经验，增长才干，强者更强；对弱者的鼓励，可以使其既看到自己的长处，又树立起向上的信心……

一、赞美的原则

赞美是发自内心的、一种肯定的表达。恰如其分的赞美能使我们更好地与同事、上下级、客户等进行交往，从而拉近相互之间的距离。在职场中，对他人进行赞美时应遵循以下原则：

（1）赞美的内容要具体。赞美的内容要具体、确切，不能言过其实，也不能含糊其辞，否则可能会让对方感到窘迫和不理解。赞美的内容越具体，说明对被赞美者的了解越深，也更容易让对方接受。

（2）赞美要真诚。赞美他人必须真诚，这是赞美的先决条件。只有发自内心的赞美，才能体现出赞美的作用。一方面，赞美的内容应该是对方拥有的、真实的，而不是无中生有，更不能将别人的缺陷、不足作为赞美的对象。比如，对一个体型稍胖的人说：“嘿，你真苗条！”这种“赞美”会使人反感，甚至会造成彼此间的隔阂，误解。另一方面，赞美要发自肺腑、情真意切。言不由衷的“赞美”显得谄媚，会招来他人的厌恶。

（3）赞美要适时适度。赞美也是有有效期的，适时的赞美是十分重要的，当发现对方有值得赞美的地方，就要及时、大胆地赞美。同时，赞美的尺度也会直接影响赞美的效果，赞美要恰如其分、点到为止。使用华丽辞藻、过度的恭维或空洞的吹捧，只会使对方感到不舒服、不自在，甚至厌恶，其结果适得其反。比如一位同学歌唱得不错，你对他说：“你的歌声是世界上最动听的。”这样赞美只能使对方感到尴尬和反感，但若换个说法：“你的歌唱得真不错，挺有韵味的。”对方一定会非常高兴。因此，赞美之言不能滥用，适时适度的赞美才能拉近双方的关系。

二、赞美的技巧

赞美他人有利于推动彼此健康关系的发展，还可以消除人际间的龃龉和怨恨。赞美是一件好事，但绝不是一件易事。赞美他人时如不审时度势、不掌握一定的赞美技巧，即使是真诚的赞美，也不会达到预期的效果。所以，开口前我们一定要掌握以下技巧：

1. 因人而异

赞美他人，不单单是花言巧语、甜言蜜语，而是要根据对方的年龄、性格、职位乃至心理需求、职业特点等不同因素，恰如其分地赞美对方。对老年人可以称赞其引以为豪的过去；对年轻人则可以赞扬他的创造才能及开拓精神；对领导、客户的赞美要含蓄适度，避免“拍马屁”；而对于同事、朋友的赞美则可以直截了当；对于取得成功的人我们要真心实意、充满敬意地送出夸赞；而对于失意的人则要予以肯定与鼓励，肯定其付出的努力，鼓励其不要气馁。

2. 寻找对方的闪光点

闪光点是指对方独一无二的、特有的优势，赞美其闪光点更能打动对方，得到对方的认可。而且闪光点越是具体，效果越好。比如单纯地赞美对方很漂亮，就显得空洞、虚假，而如果说对方身材优美、眼睛大而有神，则显得更加真实。

3. 逢物加价、遇人减岁

赞美对方的物品时，可以适当地提高价钱，表示物超所值，听者会觉得自己有眼光没有吃亏；而如果一味地贬低对方的物品，会让人感觉不受尊重，也会觉得你缺乏教养。而与他人相处时，可以适当地把对方年龄说小一点，听者会感觉自己显得年轻，从而感到愉悦，但切忌询问对方具体年龄，这样会显得很不礼貌。

4. 善借他人之口进行赞美

借他人之口对对方进行赞美，是一种间接赞美的方法，让赞美显得不突兀、不直接，更容易让对方接受。比如，“听你的领导讲，你去年的业绩很突出、表现很棒”“听你们的客户陈总讲，你们的产品质量过硬，服务也非常周到”。既传达了第三者的善意，也能表明自己赞同的立场，从而拉近双方之间的关系。

此外，赞美并不是只能通过语言来进行表达，有时投以赞许的目光、做一个夸奖的手势、送一个友好的微笑也能收到意想不到的效果。

三、寻找赞美点的方法

赞美他人要充分说明理由，如果没有事实的支持，赞美就成了谄媚、拍马屁，是不会得到认可的。因此，赞美前要仔细地观察，发现他人值得赞美的地方，寻找赞美点。寻找赞美点的方法有以下几种：

（1）外在具体的。如衣着打扮（穿着、领带、手表、眼镜、鞋子等）、发型、身材、皮肤、眼睛、眉毛等。

（2）内在抽象的。如品格、作风、气质、学历、经验、气量、心胸、兴趣爱好、特长、处理问题的能力等。

（3）间接关联的。如籍贯、工作单位、邻居、朋友、亲人、职业、使用的物品、饲养的宠物、下级员工等。

综上所述，每个人身上都有很多赞美点，需要发现和挖掘，这样才能通过赞美收获良好的职场人际关系。

案例赏析

古时有一个说客，当众夸口说：“小人虽不才，但极能奉承。平生有一愿，要将 1 000 顶高帽子戴给我最先遇到的 1 000 个人，现在已送出了 999 顶，只剩下最后一顶了。”一长者听后摇头说道：“我偏不信，你那最后一顶用什么方法也戴不到我的头上。”说客一听，忙拱手道：“先生说得极是，不才从南到北，闯了大半辈子，但像先生这样秉性刚直、不喜奉承的人，委实没有！”长者顿时手持胡须，洋洋自得地说：“你真算得上是了解我的人啊。”听了这话，那位说客立即哈哈大笑：“恭喜恭喜，我这最后一顶帽子刚刚送给先生你了。”

案例点评：

这只是一则笑话，但它却有深刻的寓意。其中除了那位说客的机智外，更包含了人们无法拒绝赞美之辞的道理。其原因就在于，每个人都有被需要、被理解、被认可、被尊重的心理需求，被他人赞美可以体现出自身的价值，使内心愉悦。同时，赞美他人也可以提高自己的魅力，让自己更容易被人接受；而且，当你在赞美他人的同时，被赞美者也会向你传递积极的信号，从而得到他人的欣赏，拉近彼此的关系。所以说，赞美他人对于双方来说是双赢的局面，是一种简单而有效的互动方式。

课堂互动

每个同学根据自己对小组其他成员的了解和观察，用小纸条写出他（她）的优点及对他（她）的欣赏之处，然后交到他（她）手上。

规则如下：

（1）必须写出优点。

（2）态度必须真诚。

（3）被评价者要说出被他人评价后的感受。

任务二 诚恳的道歉

人非圣贤，孰能无过？职场犯错有时不可避免，但及时而真诚的道歉可以化干戈为玉帛。道歉不是示弱，而是合理的进退，是诚意的彰显。掌握好道歉的学问，正确地使用道歉技巧，将使你在职场如沐春风，也会使人生充满阳光。

一、道歉的黄金法则

1. 道歉不是解释

当道歉者迈出道歉第一步的时候，很容易忽视了自己的初衷。道歉时应主动承认错误，正视现实，而不是解释或是表达苦衷。因此，对于为什么会犯错、当时受到哪些不可控因素的限制以及自己已经做了应急处理将损失降低到最小化等的解释，可以重新找机会和对方沟通，但切忌将其当成道歉的内容。

2. 可以提出讨论

道歉的同时，可以提出把问题摆出来，大家一起进行分析，但如果对方没有这个意向也不要勉强。可以先进行试探，比如："如果您希望继续讨论这个问题，以便我们在日后的工作中能够更好地改进，我将非常乐意。但我更希望我们能够将目光放到更长远的将来。"

3. 当面道歉显诚意

相较于发邮件、打电话或发短信，职场中道歉最适合的方式也是最显诚意的做法是面对面地和当事人交流。当面道歉更显诚意，目光的直视、表情的变化都有助于更好地表达歉意，但也要注意态度要诚恳，语气要温和，切不可咄咄逼人。

4. 使用清楚而准确的语言

通常，道歉的内容是承认错误，并且表明以后不会再发生。因此，在道歉时要注意避免过多使用情绪性的字眼，这对于得到对方的谅解并没有帮助。道歉的重点应是发出清楚、直接、诚恳的道歉信息。

5. 给对方发泄的机会

尽量让对方说出对自己的不满之处，给对方发泄情绪的机会，从而释放对方心中的愤懑。同时可以主动征求对方的意见以及一些建设性的做法。

6. 承担更多责任

当冒犯了别人的时候，要主动地承担更多责任，而不是期望对方来帮助分担。道歉的目的是顺利解决问题，修复双方之间的关系，因此不能将重点转移到责任划分上。

7. 提出解决方案

当表达完歉意之后，应将对话的重点转移到接下来要做些什么、可能发生什么上面。同时给出解决方案，并寻求和对方就此问题达成一致，利用道歉这个机会将过去画上一个圆满的句号。

二、道歉的要领

1. 掌握道歉的时机

道歉也是有最佳时机的，不能过早也不能过晚。过早的道歉会让对方怀疑你的诚意，并且对方还可能处在气头上，使道歉的效果大打折扣；过晚的道歉会给人留下旧事重提、事后追悔的印象，且此时双方的隔阂可能已经产生，即使道歉也很难修复双方关系。因此，道歉的最佳时机是在对方解释了自己为什么生气后，或是在你意识到自己确实给对方造成了伤害后的时间，且不要超过 48 小时。

2. 道歉的行为选择

在道歉时，应选择适当、有效的行为方式，一般推荐采用口头道歉、行为补偿和心理沟通交叉运用的方式。例如在道歉时送对方一个精心挑选的小礼物、寄一张贺卡等。东西虽微不足道，但可以表现自己的诚意。如果对方接受了礼物，也代表接受了你的道歉，同时不要忘了表示感谢，感谢对方能倾听你的表达，包容你的缺点，并与你共同商讨解决方案。

3. 善于向下属道歉

有些人认为上司向下属道歉有损威信，而事实恰恰相反，威信不是在强权中建立的，而是在勇于承担和有效解决问题中塑造出来的。职位再高的人也避免不了犯错，且会直接影响团队的凝聚力和工作的推进。所以，级别越高越有必要意识到道歉的作用，不仅可以鼓舞士气，而且还能在下属面前树立一个勇于担当的形象，给下属充分的平等和尊重。但要注意的是，领导的道歉要言简意赅、抓住要害，而且也不能要求下属立即给予回应。当然，如果造成的伤害是大面积的，那仅仅是私人间的道歉已经不足以挽回对方的信任，最好选择通过会议宣布、群发邮件或餐前闲聊等公开的方式来付诸实施。

课堂互动

日常生活中，我们时常会因为自己说错话、做错事而导致原本和谐的人际关系中夹杂了几分不和谐的音符。那么，如何才能消除这些不和谐的因素呢？

请同学们自由表达，仔细想想到现在为止，自己最想跟谁道歉，又准备如何道歉。

任务三 灵活的说服

微课18 说服与拒绝

在职场人际交往过程中，良好的表达能力往往能够使人际关系变得融洽。在交流的过程中，不可避免地会遇到双方观点不同的情景，如果处理不好，往往会给人际关系造成直接或间接的伤害，因此说服技巧和应变能力就成了维系人际关系的重要影响因素。

一、说服的技巧

1. 站在对方的立场

彼此观点存在分歧时，试图通过说服来解决问题，结果往往会遇到困难；导致说服不能生效的原因是由于劝说者与被劝说者固执地踞守在各自的立场之上，不替对方着想；如果换个位置，被劝说者也许就不会“拒绝”劝说者，劝说和沟通就会容易多了。

2. 通过赞扬调动热情

在说服前，首先对对方的优点给予适度的赞扬，以使对方得到心理上的满足，这样可以减轻说服时对方产生的抵触情绪，使其在较为愉快的情绪中接受劝说。职场中，下属因为非能力原因拒绝接受任务，领导可以这样劝说他：“我知道你很忙，抽不开身，但这件事情只有你去解决才行。我对其他人没有把握，思前想后，觉得你才是最佳人选。”

3. 以真心打动他人

劝说他人时，应该做到推心置腹，动之以情，晓之以理，讲明利害关系，使对方觉得双方是在公正地交换各自的看法，而不是抱有任何个人的目的，更没有丝毫不良的企图。要让对方感觉到你是在真心实意地帮助他，为他的切身利益着想。

4. 注意克制忍让

双方意见有分歧时，不要不顾一切地据理力争，这样容易激起对方的逆反情绪。应时刻注意自己的情绪，适当忍让，以柔克刚，通过摆事实、讲道理来佐证自己的观点。

克制忍让可以平复对方可能出现的暴躁情绪，无形中达到了规劝与说服的目的。这种忍让的气度和“四两拨千斤”的说服技巧常常能赢得别人的好感与尊重。

5. 寻找一致的观点

沟通双方或多或少都会存在一些双方均认同的观点，因此，在谈话过程中出现矛盾时，应该把握这些一致的观点，以便求同存异，缩短与对方的心理差距，进而达到说服的目的。

说服本身就是要设法缩短和对方的心理距离，而明确双方达成一致的观点往往会增加双方的亲密感，最终达到接近对方内心的目的。

6. 追求说服的语言艺术

在说服他人时，如果总是板着脸、皱着眉对对方进行说教，很容易引起对方的反感与抵触情绪，使说服陷入僵局。适当点缀些俏皮话、玩笑话、歇后语，在说服的过程中可以使对话的气氛变得轻松，往往会取得良好的效果。

7. 善于发挥自我检讨的作用

在说服他人前，可以先进行自我检讨，率先承认自己的不足之处，降低姿态，以退为进，给对方一个缓冲的空间，更容易让对方接受你的劝说。比如在工作中，要将一项艰巨的工作或任务交付同事或下属，而对方不愿接受时，你可以这样说："现在有项工作要麻烦你去做，虽然明知你可能不太愿意接受，但我觉得还是你最合适。"

8. 顾全他人的面子

职场中，想要改变他人已公开宣布的立场，首先要做的就是尽量顾全他的面子，使对方不至于背上出尔反尔的包袱。假定你与同事在一开始没有掌握全部事实的情况下产生了分歧，为了说服他，你可以这样说："当然，我完全理解你为什么会这样设想，因为你那时不知道那回事。"或"最初，我也是这样想的，但后来当我了解到全部情况后，我就知道自己错了。"

二、说服的注意事项

职场的说服技巧可谓五花八门，有效的说服不仅需要说服者善于利用各种技巧，还需要关注对方的心理情绪。因此，在进行说服时需要了解以下注意事项。

1. 说服因情而定

说服时，要充分了解事态的发展、局势的变化，做到言之有理、计出有因。如果被说服者的心态不利于当时的沟通，则需要注意讲话的口吻，做到同感共情、委婉而劝，既明确指出决策可能导致的失误，又令对方感到被尊重、被理解，并享有最后的决定权。

2. 说服因人而异

说服时，还要充分注意个人的性格差异、喜好特点，以此来调整说服的方式。例如，有的人比较执拗，听不进别人的劝告，对此类人最好使用激将式劝说，以激发其责任心和行动力；有的人谨慎小心、瞻前顾后，对此类人最好采取勉励式劝说，先动之以情，后晓之以理，通过肯定、夸奖增加对方的信心，从而实现说服的目的。因而在说服前，要细致考虑清楚对方的性格特质，再决定采用哪种说服策略，千万不要指望以一种方法就能说服所有的人。

3. 说服因职而变

说服时，也要充分注意职务的上下差异、职权范围，以此增强沟通的合宜性。例如，职场中上级对下级进行说服，就应多采用勉励式劝说，以激励下属的工作热情与斗志；而下级对上级进行说服时，则应多采用同感式劝说或暗喻式劝说，以在不刺激上司的前提下，令其自我反省、深入觉察；而在进行平级说服时，则应灵活多变，因人而异。其实，无论哪一种说服方式，都不能过于强硬和胁迫，而要表现得理智与节制，点到为止。

课堂互动

刘佳已入职水电集团多日，她聪明能干、办事利落，深得上司赏识。

一次，上司交给她一项重要的任务——按照上司的既定思路做一个详细的策划方案。但她发现上司的思路有一个致命性的错误，如果按照这个思路做策划方案，肯定会遭到客户的拒绝。于是，刘佳马上去找上司，当时上司正和全公司的领导开会，但她当着众人直截了当地说："你的思路根本不对，应该这样……"直接否定了上司的安排。这让上司感觉很没面子，结果方案交给了别人去做。

如果是你，你将如何说服上司呢？

任务四 委婉的拒绝

拒绝是指不接受某种东西、某种观点或是某种行为。拒绝是一门艺术，也是一种智慧。在职场中，直截了当的拒绝可能会令对方不愉快，使得气氛紧张，甚至会升级成为矛盾。因此，要学会委婉的拒绝，采取含蓄、婉转之词，在不伤害彼此间的感情、不使对方尴尬进而产生抵触情绪的前提下，达到拒绝的目的。委婉拒绝的方式和技巧有很多，可以根据不同的场合、不同的情况、不同的对象来进行选择和使用。

一、拒绝的语言技巧

1. 直接拒绝

直接拒绝，就是直接、明确地表明拒绝的意思。直接拒绝时应当避免态度生硬、言辞过激。在一般情况下，直接拒绝别人，需要把拒绝的原因讲明白，同时向对方表达自己的歉意，表示自己对其好意心领神会，借以表明自己通情达理。

2. 婉言拒绝

婉言拒绝，就是用温和委婉的语言，来表达拒绝。和直接拒绝相比，这种方式更容易被接受，因为这种方式在很大程度上顾全了被拒绝者的颜面。

例如，在公务交往中对方想要赠送一种贵重礼品，按规定不能接受，但总不能不近人情地质问对方"用心安在"。这时不妨采用委婉的语气来拒绝馈赠，可以说："非常感谢您的美意，但我们规定，不允许接受贵重的礼品。实在对不起了，您的好意我心领了。"

这样对方就不好强人所难了。

3. 沉默拒绝

沉默拒绝，就是在面对难以回答的问题时，暂时中止“发言”，不作回答和表态。当他人的问题很棘手甚至具有挑衅、侮辱的意味时，不妨以静制动，静观其变。这种不说“不”字的拒绝，所表达出的无可奉告之意，常常会产生极强的心理上的威慑力。

4. 回避拒绝

回避拒绝，就是避实就虚，将问题搁置下来，转而讨论其他事情。当遇上过分的要求或无理取闹时，可以尝试回避拒绝的方式，避而不答，将话题引开，即顾左右而言他，或者以幽默的方式谈笑而过。

二、拒绝的策略

1. 学会倾听

倾听能让对方产生被尊重的感觉，还可以清楚地界定对方的要求是不是自己分内的工作，而且是否包含在自己目前重点工作范围内。倾听时还可以针对对方的情况，提出有效的建议或替代方案。

2. 了解个人日程安排

为了准确了解什么时机能说“不”，必须对当前自己的日程安排有所了解。有效的做法是对自己的工作做好时间管理，按照重要性和紧迫性将所有工作整理、分类，列出一张清单，这样就可以轻易决定是否接受别人的请求了。

3. 态度温和而坚定

当仔细倾听了他人的要求，并认为自己应该拒绝的时候，说“不”的态度必须是温和而坚定的。当无法完成对方的请求时，应当坚定地拒绝，以防耽误对方；同时态度和语气要温和，让对方感受到你的真诚和热心。

4. 抢占先机

如果预感别人将有求于自己，可以先一步在请求提出前就拒绝对方。有时这个做法很有效而且更加简单，但要把握好分寸，同时不能频繁使用。

5. 适时表达关心

在进行拒绝时，可以化被动为主动地关心对方，让对方了解自己的苦衷与立场，以减少拒绝带来的尴尬与影响。同时，可以给予对方情感上的慰藉，有利于双方良好关系的维护。

拒绝的过程中，除了合理使用各种技巧，更需要真诚的态度与发自内心的关怀。若只是敷衍了事，有时更让人觉得你不是个诚恳的人，对人际关系伤害更大。

课堂互动

请认真阅读以下案例，并试作分析。

案例一

老张在公司办公室的走廊与一名下属不期而遇，下属忙停下脚步："哎呀，老板，好不容易碰上你了。有一个问题，我一直想向你请示一下该怎么办。"

接下来，下属将问题汇报了一番。老张虽然有事在身，但还是不太好意思让这个急切想把事情办好的下属失望。老张非常认真地听着，可实际上他也是心急如焚，因为自己也有很重要的事情要去办。

几分钟后，老张看了看手表："噢，不好意思，我现在正有急事处理。这个问题，看来我一时半会儿答复不了你。这样吧，让我考虑一下，过两天再给你回复好不好？"于是老张赶忙离开，不知不觉中也背上了一个重重的心理包袱。

两天后，下属如约打来电话："老板，前两天向你请示的问题，你看我该怎么办？"忙乱中，老张想了一下，才记起他讲的是哪一件事。"哦，实在不好意思。这两天我特别忙，还没有顾得上考虑这个问题，你再等两天，好吗？""没有问题，没有问题。"下属非常体谅老张。

一周之后，老张又接到下属的电话。不等下属开口，老张已经感到十分抱歉，并再一次请求下属"宽限"几日……此刻，老张似乎有些焦头烂额，因为现在他的心里已满是内疚，老张不知不觉已成为问题的真正中心……

大家一起来分析，问题究竟出在哪里了？

案例二

身处职场，当一位同事突然开口让你帮他做一件难度很高的事情，答应他也许要连续加几个晚上的班才能完成，而且这也不符合公司的规定；拒绝吧，面子上还抹不开，毕竟是同事。面对以上情形，试分析以下几种回答的利弊。

（1）直接对同事说："不行，我帮不了你。"

（2）推辞着说："我本事不够，其实小李更适当。"

（3）不好意思地说："不好意思，我真的忙不过来。"

项目实训

一、案例分析

（1）孙滋进入以软件开发为主要业务的公司设计部时，部长把她安排给一个仅有高中学历的男同事赵刚做搭档。赵刚是一个头脑灵活、积极肯干的中年人，可就是因为学历的原因，迟迟得不到提拔，眼看着那些年轻的大学生一个个都升迁了，他内心很是不平衡。与这样的前辈一起工作，孙滋总是感觉到一种压力，采取了敬而远之的态度，除非是工作需要才会与赵刚多说几句话。可也就是这样，让赵刚产生了一种孙滋看不起他的心理。逐渐两人之间产生了一种对抗情绪，在工作上各持己见，无法得到调和。后来，赵刚向领导提出孙滋太过于娇气和傲气，不能再做搭档，因此孙滋被调到了另一个小组。如果你是孙滋，你该如何化解彼此之间的矛盾？

（2）江静毕业后，在一家广告公司给创意总监于娜做助理。工作的第二天，总经理办公室送来一份文件给于娜，要求其 3 天后拿出一个创意草稿。当江静把文件送进于娜办公室时，于娜正在给客户打电话，她看了看江静手里的文件，摆了摆手示意她放在桌上。可忙碌的于娜接完电话后，一时忘了这件事，文件被搁置在了案头。3 天后，总经理向于娜索要这个方案的时候，于娜却完全想不起来有这么一回事。她一个电话叫来江静，一通呵斥，批评她办事不力。江静当着总经理的面，一个劲地解释她实际上把文件交给了于娜，并把当时的情况形容了一下。这让于娜很下不来台，不久就借故换掉了江静。针对以上情况，你能否给江静一些建议。

（3）公司为了奖励市场部的员工，制订了一项海南旅游计划，名额限定为 10 人。可是市场部 13 名员工都想去，部门经理需要再向上级领导申请 3 个名额。于是部门经理找到上级领导说："朱总，我们部门 13 个人都想去海南，可只有 10 个名额，剩余的 3 个人会有意见的，能不能再给 3 个名额？"朱总说："筛选一下不就完了吗！公司拿出 10 个名额就花费不少了，你们怎么不多为公司考虑？你们呀，就是得寸进尺，不让你们去旅游就好了，谁也没意见。我看这样吧，你们 3 个做部门经理的，姿态高一点，明年再去，这不就解决了吗？"如果你是部门经理，你会如何说服上级领导增加名额呢？

二、情景模拟

情景一：在办公室茶水间，佳佳找总经理秘书明明打听公司最新的人事变动。

情景二：办公室新人小琴整天忙得不可开交，为犒劳自己特意买了周末演唱会的门票去听演唱会，可上司却通知小琴周末要加班。

情景三：百货公司内，顾客拿着洗过的衣服找营业员退换。

情景四：临下班，总经理找到娜娜要求其下班后一同去会见客户。

要求：各小组针对以上四种职场情景，完成以下任务。

（1）各小组随机抽取场景，设计故事情节，分配各成员任务。

（2）在组长的带领下，针对本组任务展开讨论，设计得体的拒绝方案。

（3）各小组分别表演本组的设计方案，并说明设计意图。其他小组进行如下评价：你对该同学的回答满意吗？他的语气、表情、动作能让人接受吗？你认为选择的方式合理吗？为什么？

项目三 自我介绍——第一时间记住你

知识目标

- 了解职场中自我介绍的时机。
- 掌握职场中自我介绍的要点。

技能目标

- 能在职场中把握自我介绍的最佳时机。
- 能在任何场合进行良好的自我介绍。

素质目标

- 培养学生良好的语言表达能力。
- 培养学生将礼仪运用到实际操作中的能力。

情景导入

一天，经理叫宋洋一起接待一个海外访问团。访问团到达后，小宋马上非常热情地伸出手去：“你们好！我是公司的员工小宋，这是我们公司的总经理。早就听说你们要来，今天见到你们很开心，希望以后多多关照！请随我来！”而此时，经理和访问团都感觉到非常尴尬。等访问团走后，宋洋被经理狠狠地批评了一顿。

在职场中，如能正确地发挥自我介绍的作用，不仅可以扩大自己的交际圈，广交朋友，而且有助于进行自我展示、自我宣传。但如果没有掌握自我介绍的要点，就容易让人产生误会，增加麻烦。

项目设定与分析

作个漂亮的自我介绍

宋洋被经理训了一顿之后心里很是难受，不知道自己到底是哪里出了问题，百思不得其解。他决定求助学校的礼仪老师，在老师的一番指点后，他终于明白了自己的问题所在，之后他便主动找经理进行了道歉。

分析报告

现代人要生存、发展，就需要与他人进行必要的沟通，以寻求理解、帮助和支持。自我介绍是人际交往中与他人进行沟通、增进了解、建立联系的一种最基本、最常规的方式，是人与人进行相互沟通的起点。

建议：
- 自我介绍的时机
- 自我介绍的要点

项目实施

微课19　自我介绍的时机与要点

任务一　自我介绍的时机

在职场交往中，想结识某些人或某个人而又无人引见时，如有可能，即可向对方自报家门，自己将自己介绍给对方。如果有介绍人在场，自我介绍则被视为不礼貌的行为。那么，应当何时进行自我介绍呢？这是关键而又往往会被人忽视的问题。总的来说，在下面场合中，有必要进行适当的自我介绍。

（1）应聘求职时。

（2）应试求学时。

（3）在社交场合，与不相识者相处时。

（4）在社交场合，有不相识者表现出对自己感兴趣时。

（5）在社交场合，有不相识者要求自己作自我介绍时。

（6）在公共聚会上，与身边的陌生人组成交际圈时。

（7）在公共聚会上，打算介入陌生人组成的交际圈时。

（8）交往对象因为时间久远而记不清自己，或担心这种情况可能出现时。

（9）有求于人，而对方对自己不甚了解或一无所知时。

（10）拜访熟人遇到不相识者挡驾，或是对方不在而需要请不相识者代为转告时。

（11）前往陌生单位进行业务联系时。

（12）在出差、旅行途中，与他人不期而遇，并且有必要与之建立临时接触时。

（13）因业务需要，在公共场合进行业务推广时。

（14）初次利用大众传媒向社会公众进行自我推荐、自我宣传时。

需要注意的是，在进行自我介绍时，态度一定要自然、友善、亲切、随和，行为举止应落落大方、彬彬有礼。同时，语气要自然，语速要正常，声音要清晰。在进行自我介绍时镇定自若、自信大方，有助于获得他人的好感；相反，如果流露出畏怯和紧张情绪，目光闪烁不定，面红耳赤，手忙脚乱，则会为他人所轻视，彼此间的沟通便有了障碍。

任务二　自我介绍的要点

需要你作自我介绍的对象一般是陌生人，目的是建立双方之间的联系，加深对彼此的认识和印象以便今后在交往中能进行顺利的沟通与交流。那么，如何通过自我介绍从而让对方记住你并给对方留下良好的第一印象就显得尤为重要了。

自我介绍的内容一般包括三项基本要素：本人的姓名、供职的单位以及具体部门、担任的职务和所从事的具体工作。这三项要素在进行自我介绍时，应一口气连续报出，这样既有助于给人留下完整的印象，又可以节省时间，避免长篇大论。

一、自我介绍的具体形式

1. 应酬式

应酬式适用于某些公共场合和一般性的社交场合，这种自我介绍最为简洁，往往只包括姓名一项即可。

——“你好，我叫张强。”

——“你好，我是李波。”

2. 工作式

工作式适用于工作场合，介绍内容包括本人姓名、供职单位及部门、职务或从事的具体工作等。

——“你好，我叫张强，是复兴电脑公司的销售经理。”

——“我叫李波，我在北京大学中文系教近现代文学。”

3. 交流式

交流式适用于日常社交场合，希望与交往对象进行进一步交流与沟通时使用，介绍内容一般包括介绍者的姓名、工作、籍贯、学历、兴趣及与交往对象的某些熟人的关系。

——“你好，我叫张强，我在复兴电脑公司上班。我是李波的老乡，都是北京人。”

——“我叫王朝，是李波的同事，也在北京大学中文系就职，我教中国古代汉语。”

4. 礼仪式

礼仪式适用于讲座、报告、演出、庆典等一些正规而隆重的场合，介绍内容一般包括姓名、单位、职务等，同时还应加入一些适当的谦辞、敬辞。

——“各位来宾，大家好！我叫张强，我是复兴电脑公司的销售经理。我代表本公司热烈欢迎大家光临我们的展览会，希望大家……”

5. 问答式

问答式适用于应试、应聘和公务交往等场合。问答式的自我介绍，应该是有问必答，问什么就答什么。

——“先生，您好！请问您怎么称呼？（请问您贵姓？）”

——“您好！我叫张强。”

面试官问：“请介绍一下您的基本情况。”

求职者：“各位好！我叫李波，现年26岁，河北石家庄人，汉族……”

二、自我介绍的注意事项

1. 注意时间

进行自我介绍时要注意介绍的时机，在适当的时间进行自我介绍，可以选择在对方空闲且对你表现出兴趣时进行，这样就不会打扰到对方。同时，自我介绍时还要简洁，尽可能地节省时间，以半分钟左右为宜。

自我介绍的内容一般包括自己的姓名、职业、职务、兴趣和特长，用简洁的语言将这些内容说明白即可，说太多内容对方不但记不住，还很可能和其他人的介绍混淆，所以自我介绍的内容一定要有针对性，挑选自己能力、兴趣突出的要点作简单的介绍即可。为了节省时间，作自我介绍时还可利用名片、介绍信加以辅助。

2. 讲究态度

一个完美的自我介绍不仅体现在内容上，更体现在态度上，因此在自我介绍时要注意以下三点内容：第一，语气自然亲切，语速正常，语言流畅清晰，给人留下亲切、随和的印象。第二，向对方微笑表示友好，介绍时抬头挺胸，目视对方，让对方感受到你的自信和稳重。第三，介绍简洁、干脆利落，不要长篇大论，珍惜对方的时间，也给对方一点消化吸收、记住你的时间。

3. 真实诚恳

一般来说，夸夸其谈甚至炫耀式的自我介绍往往不会收到良好的效果；相反，谦逊、随和的自我介绍却容易赢得对方的尊敬与信任，尤其位高者及权威人士需特别留意，否则会让听者觉得名不副实或徒有其名。在职场中，对方很可能因为你在某方面的突出表现而在今后与你合作，如果不具备真才实学，对方就会另眼相看了。所以，自我介绍时一定要考虑到自己的实际情况，说好话更要说真话。

案例赏析

“我叫张敏西，是水电学院工商管理专业2012年的毕业生，后来又继续读了研究生。2015年回到家乡发展，在一家计算机软件开发公司当技术员，三年后晋升为工程师。从2018

年到现在，自己开了个小公司。几年来，我凭借专业知识和学到的经验一直在探索关于软件开发方面的先进技术，对相关的程序比较熟悉，还有相关的工作和管理经验。我今年已经三十出头——一个男人的而立之年，我不想只是平淡地度过事业期，我想要不断地充实和挑战自己，所以我今天来到这里，准备和大家一起学习职场礼仪的知识！希望大家能记住我……”

案例点评:

从毕业至今的经历，通过简短的几行字就进行了全部的概括，既全面又简洁有力，这样的自我介绍值得我们学习。

课堂互动

在班上选出 10 位同学向大家进行 1 分钟的自我介绍，介绍力求简洁、精炼且具有针对性。

项目实训

一、实例分析

请阅读以下自我介绍的实例，并分析每种介绍方式的特点和可取之处。

（1）我叫涂忆洪，洪，是洪水的洪。在我出生那年，我们家乡发生了洪涝灾害，损失惨重，我爸爸不顾我刚刚出生，就去参加了抗洪救灾工作。因此，我妈妈就为我起了“忆洪”这个名字，希望我们能够时刻想起那段艰难的岁月，珍惜现在美好的时光。

（2）大家好，我叫余江雁，请大家想象一下，在长江上空，有一只大雁在飞翔，搏击长空，那就是我，“余”就是我的意思啊。请大家记住我的名字：长江上空一只翱翔的大雁。

（3）我叫秦珅，秦是秦桧的秦，珅是和珅的珅，虽然这两位都是大奸臣，但我其实是个大好人。心地善良，有情有义，既和秦桧无缘，也与和珅不沾边，希望大家记住我，也请相信我，一个大好人——秦珅。

（4）我来自江苏，在秦淮河边长大，因此我的名字叫作李淮河。我的职业是推销员，就是“走出去、说出来、把钱收回来”的靠口才吃饭的人，所以我要来学口才以提高自己的口头表达能力。

（5）大家好，我叫刘学，刘是文刀刘，学是学习的学。我叫刘学，但从小学到大学，并没有留过级；而后来，我确实去国外留学了半年，现在可谓名副其实啊！

二、自我介绍训练

请结合以下具体场景作一个漂亮的自我介绍。

求职应聘时，我这样自我介绍：______

第一天到公司报到，我这样自我介绍：______

初次见到上级主管，我这样自我介绍：______

前往陌生单位进行业务联系时，我这样自我介绍：______

主持公司周年庆晚会时，我这样自我介绍：______

在朋友的聚会上，我这样自我介绍：______

项目四 他人介绍——特别的你特别来说

知识目标

- 了解他人介绍时的时机。
- 掌握他人介绍时的顺序。
- 掌握他人介绍时的礼仪要点。

技能目标

- 能在合适的时机下进行他人介绍。

素质目标

- 培养学生在人际交往中进行良好沟通的能力。
- 培养学生分析问题的能力。

情景导入

宋洋入职已经有一段时间了，他工作勤奋努力，业务做得也很顺利。这次宋洋将陪同自己的部门经理去拜见甲方负责人，由于先前他和甲方负责人有过几次接触，所以双方一见面，宋洋就指着甲方负责人对自己的经理说："李经理，他就是黄总经理……"

黄总经理眉头微微皱了一下，接下来和李经理的谈话也不是很热情，交流很快结束了。宋洋感到很迷茫，心想黄总经理平时很随和的，今天怎么会这样呢？

其实，黄总经理态度冷淡就是因为宋洋不注意细节，在为双方作介绍时没有遵循他人介绍的相关礼仪原则，让对方感觉没有受到尊重，所以结果可想而知。

项目设定与分析

为他人架起沟通的桥梁

宋洋在这次拜访中的表现让双方的洽谈很不顺利，鉴于此，李经理找他谈过话，并指出了他出现的问题，让他反思自己的行为，避免今后再出现这样的错误。

分析报告

在日常的人际交往活动中，我们总要经历从陌生到熟悉的过程，彼此之间经常需要介绍和被介绍，也就是说，我们要承担起为他人架起沟通桥梁的任务。

建议：他人介绍的礼仪；他人介绍的表达

项目实施

微课20　他人介绍的礼仪与表达

任务一　他人介绍的礼仪

他人介绍，又称第三者介绍，是由第三者为彼此不相识的双方进行引见介绍的一种介绍方式。他人介绍通常都是双向的，即将被介绍双方均作一介绍。有时，也可进行单向的他人介绍，即只将被介绍者中的某一方介绍给另一方，其前提是前者了解后者，而后者不了解前者。

一、介绍的时机

遇到下述情况，通常有必要进行他人介绍。

（1）在家中，接待彼此不相识的客人。

（2）在办公地点，接待彼此不相识的来访者。

（3）与家人外出，路遇家人不相识的同事或朋友。

（4）陪同亲友前去拜会亲友不相识者。

（5）本人的接待对象遇见了其不相识的人士，而对方又跟他们打了招呼。

（6）陪同上司、长者、来宾时，遇见了其不相识者，而对方又跟他们打了招呼。

（7）打算推介某人加入某一交际圈。

（8）收到为他人作介绍的邀请。

二、介绍的顺序

在为他人作介绍时，先介绍谁、后介绍谁是非常敏感的问题。根据职场礼仪规范，处理这一问题时必须遵守“尊者优先了解情况”的规则。因此，在为他人作介绍前，先要确定双方地位的尊卑长幼，先介绍地位较低者，后介绍位尊者，这样可以使位尊者优先了解对方的情况，在交际应酬中掌握主动权，以示对位尊者的尊重。

根据这些规则，为他人作介绍时的顺序大致有如下几种情况：

（1）介绍年长者与年幼者认识时，应先介绍年幼者，后介绍年长者。

（2）介绍长辈与晚辈认识时，应先介绍晚辈，后介绍长辈。

（3）介绍老师与学生认识时，应先介绍学生，后介绍老师。

（4）介绍女士与男士认识时，应先介绍男士，后介绍女士。

（5）介绍已婚者与未婚者认识时，应先介绍未婚者，后介绍已婚者。

（6）介绍同事、朋友与家人认识时，应先介绍家人，后介绍同事、朋友。

（7）介绍来宾与主人认识时，应先介绍主人，后介绍来宾。

（8）介绍社交场合的先至者与后来者时，应先介绍后来者，后介绍先至者。

（9）介绍上级与下级认识时，应先介绍下级，后介绍上级。

（10）介绍职位、身份高者与职位、身份低者认识时，应先介绍职位、身份低者，后介绍职位、身份高者。

三、集体介绍

集体介绍有两种情况：一是把一人介绍给多人；二是两个或两个以上群体、多人和多人相互之间的介绍。进行集体介绍时，可以按以下顺序进行：

（1）按集体规模大小排顺序。

（2）按单位名称的英文首字母或汉语拼音首字母排顺序。

（3）按单位总负责人姓氏笔画排顺序。

（4）按座次的尊卑排顺序。

（5）按距离介绍者远近排顺序。

任务二 他人介绍的表达

在为他人作介绍时，介绍者对介绍的内容应当字斟句酌，慎之又慎。倘若对此掉以轻心、词不达意、敷衍了事，很容易给被介绍者留下不良印象。

一、他人介绍的方式

根据实际需要的不同，为他人作介绍时的内容也会有所不同。通常，有以下六种方式可供借鉴：

（1）一般式。一般式也称标准式，以介绍双方的姓名、单位、职务等内容为主，适用于正式场合。如“请允许我来为两位引见一下：这位是卡秀公司营销部主任黄微小姐，这位是新鹊集团副总江嫣小姐。”

（2）简单式。只介绍双方姓名一项，甚至只提到双方姓氏，适用于一般的社交场合。如“我来为大家介绍一下：这位是谢总，这位是徐董。希望大家合作愉快。”

（3）附加式。附加式也称强调式，用于强调其中一位被介绍者与介绍者之间的关系，以期引起另一位被介绍者的重视。如“大家好！这位是飞跃公司的业务主管孙先生，这是小儿刘放，请多多关照。”

（4）引见式。介绍者所要做的，是将被介绍的双方引到一起即可，适用于普通场合。如“两位认识一下，大家都是校友，自我介绍一下吧。”

（5）推荐式。介绍者经过精心准备再将某人举荐给某人，介绍者通常会对前者的优点加以重点介绍，通常适用于比较正规的场合。如“这位是阳远先生，这位是海天公司的赵海天董事长。阳先生是经济学博士、管理学专家。赵董一直想咨询一些管理上的问题，想必二位一定有共同话题。”

（6）礼仪式。这是一种最为正规的他人介绍，适用于正式场合，其语气、表达、称呼都更为规范和谦恭。如“孙小姐，您好！请允许我把北京远方公司的业务经理李力先生介绍给您。李先生，这位就是广东润发集团的人力资源总监孙晓小姐。”

经介绍与他人相识时，不要有意拿腔拿调，或是心不在焉；也不要低三下四、阿谀奉承地去讨好对方。

二、他人介绍时要注意的细节

为他人进行介绍，首先要了解双方是否有结识的愿望；其次要遵循介绍的规则；再次是在介绍彼此的姓名、工作单位时，要为双方找一些谈话素材，如双方的共同爱好、共同经历或相互感兴趣的话题等。良好的合作，可能就是从这一刻开始的。

1. 双方的表达

在介绍他人时，介绍者与被介绍者都要注意自己的表述、态度与反应。

（1）介绍者为被介绍者作介绍之前，要先征求双方的意见，而且在开始介绍时还应再打一下招呼，切勿开口即讲，显得突如其来，让被介绍者措手不及。

（2）被介绍者在介绍者询问自己是否有意愿认识某人时，一般应欣然表示接受。如果实在不愿意，应向介绍者说明缘由，取得谅解。

2. 介绍者的做法

介绍时要有开场白，如“请让我给你们介绍一下，张小姐，这位是……”“请允许我介绍一下，李先生，这位是……”

为他人作介绍时，手势动作要文雅，无论介绍哪一方，都应手心朝上，手背朝下，四指并拢，拇指张开，指向被介绍的一方，并向另一方点头微笑。必要时，可以说明被介绍的一方与自己的关系，以便新结识的朋友之间相互了解和信任。

介绍者在介绍时要注意先后顺序，语言要清晰明了，不含糊其辞，以使双方记清对方的信息。在介绍某人优点时要恰到好处，不宜过分称颂而导致难堪的局面出现。

3. 被介绍者的做法

作为被介绍的双方，都应当表现出想要结识对方的热情。被介绍时，除了年长者外，一般都应该起身站立并面朝对方，但是若在会议进行中，或在宴会等场合，就不必起身，只略微欠身致意即可。如方便的话，待介绍者介绍完毕，被介绍双方应握手致意，面带微笑并进行问候，如“你好”“见到你很高兴”“认识你很荣幸”“请多指教”“请多关照”等，如有需要还可互换名片。

课堂互动

（1）一位职位较高的年轻女士和一位职位较低、年龄较长的男士初次见面，你应如何为双方作介绍？

（2）以小组为单位，分角色进行他人介绍礼仪的模拟训练。

项目实训

一、他人介绍训练

永红公司为了进一步发展，决定修建专门用于生产方便面的车间，关于车间建设、布局问题，公司决定派生产部李经理、基建处王经理及秘书小张去黎阳公司参观学习。请演示到达后与对方生产部赵经理、沈秘书认识的场面。

二、情景模拟

办公室主任于蓝给前来公司拜访的王总等三位客人沏好茶之后，公司总经理李智和公司副总张强来到了会客室。双方见面时，由谁充当介绍者合适？介绍的顺序如何？

要求：分小组模拟演练，掌握他人介绍的礼仪和方法。同时由同学们自己设计台词，完成以下实训报告。

设计方案

项目五 见面礼仪——友好交往的开始

知识目标

- 了解见面礼仪的内容和类别。
- 了解握手的场合，掌握握手的顺序、姿态及禁忌。
- 了解名片的类型，掌握名片使用中的礼仪要点和禁忌。
- 掌握职场中交谈的基本技巧。

技能目标

- 能在职场中正确使用握手礼。
- 能根据不同场合及对方身份进行名片交换。
- 能在职场中进行良好的交谈和沟通。

素质目标

- 培养学生掌握礼仪知识并运用到实际操作中的能力。
- 培养学生良好的接人待物的能力。
- 培养学生的“因人施讲”和“良好沟通”的礼仪素养。

情景导入

宋洋作为公司的年轻员工，为人热情、大方，和同事们相处得都不错。有一天，宋洋在公司里搭乘电梯时遇到了公司的吴总经理和客户，在吴总经理介绍之后，宋洋立马从西装口袋里掏出了自己的名片，顺手用右手递了过去，同时伸出左手，想和对方握手。客户迟疑了一下还是接过名片并和宋洋握了手。为了表现自己，宋洋立马开始和客户“套近乎”，询问对方来公司谈什么业务等。

宋洋的这种状况属于职场新人容易犯的典型错误，想要表现自己，但是却不知道如何去表现；对于职场礼仪略懂一二，于是经常会出现错误。

项目设定与分析

见面显诚意

宋洋当天就被吴总经理叫到了办公室，吴总经理没有直接批评他，只是要他去公司的公关部培训一周，一周之后吴总经理再来检验他的学习成果。

分析报告

细节影响成败，职场中一个小小的举动可能会起着关键的作用。握手、递接名片看似简单，实则有很多讲究，必须掌握好这些规则，以免失礼。

建议：
- 行个漂亮握手礼
- 名片递接显诚意
- 初识交谈展魅力

项目实施

微课21　行个漂亮握手礼

任务一　行个漂亮握手礼

我们在人际交往中不可避免地要与人见面，那么见面时的相见礼节，也就是我们常说的见面礼仪也是非常重要的。

一般而言，相见之礼有很多种，比如东方国家的拱手礼、鞠躬礼、合十礼，西方国家的亲吻礼、吻手礼、拥抱礼等，方式各样。目前，握手礼是国际社会中最常见的见面礼节，可以在会面、离别、祝贺或致谢等各种场合使用。

一、握手的场合

通常，以下列举的情况都是适合握手的场合：

（1）遇到较长时间没见面的熟人。

（2）在比较正式的场合和认识的人道别。

（3）在以本人作为东道主的社交场合，迎接或送别来访者时。

（4）拜访他人后，在辞行的时候。

（5）被介绍给不认识的人时。

（6）在社交场合，偶然遇上亲朋故旧或上司的时候。

（7）别人给予你一定的支持、鼓励或帮助时。

（8）表示感谢、恭喜、祝贺时。

（9）对别人表示理解、支持、肯定时。

（10）向别人赠送礼品或颁发奖品时。

二、握手的顺序

在比较正式的场合，行握手礼时最为重要的礼仪问题，是握手的双方应当由谁先伸出手来“发起”握手。倘若对此一无所知，在与他人握手时，轻率地抢先伸出手去而得不到对方的回应，是非常不礼貌的行为，也会令自己陷入尴尬的境地。

在职场中，握手时伸手的先后次序主要取决于职位、身份地位的高低；而在社交、休闲场合，握手时伸手的先后次序主要取决于年龄、性别、婚否等因素。其基本原则是：尊者优先。“尊者优先”原则是指由位尊者首先伸出手来，即尊者先行。位卑者只能在此后予以回应，而决不可贸然抢先伸手。

之所以要遵守“尊者优先”的原则，是为了恰到好处地体现对位尊者的尊重。因为握手往往意味着进一步交往的开始，如果位尊者不想与位卑者深交，他是大可不必伸手与之相握的。换言之，如果位尊者主动伸手与位卑者相握，则表明前者对后者印象不坏，而且有与之深交之意。

具体而言，握手时双方伸手的先后次序大体包括如下几种情况。

（1）上下级之间握手。应由职位高者首先伸出手来，但涉及主宾关系时，可不考虑上下级关系，做主人的应先伸手。

（2）长幼之间握手。年幼的一般要等年长的人先伸手。和长辈及年长的人握手，不论男女，都要起立趋前握手，并要脱下手套，以示尊敬。

（3）男女之间握手。男女之间握手，男士要等女士先伸出手后才握手。如果女方没有握手的意思，男方可改用点头礼表示礼貌。

（4）一人与多人握手。若是一个人需要与多人握手，则握手时亦应讲究先后次序，由尊而卑，即先年长者后年幼者，先长辈后晚辈，先老师后学生，先女士后男士，先已婚者后未婚者，先上级后下级，先职位、身份高者后职位、身份低者。

（5）宾客之间握手。当客人抵达时，应由主人首先伸出手来与客人相握；而在客人告辞时，就应由客人首先伸出手来与主人相握。前者是表示“欢迎”，后者则表示“再见”。这一次序如果颠倒，则有逐客嫌疑，很容易让人产生误解。

应当强调的是，上述握手时的先后次序不必处处苛求于人。如果自己是位尊者、长者或上级，而位卑者、年轻者或下级抢先伸手时，最得体的做法就是立即伸出自己的手，进行配合，而不是置之不理，让对方当场出丑，这也是不礼貌的。

三、握手的姿态

握手时，距离受礼者约一步，上身稍向前倾，两足立正，伸出右手，四指并拢，拇指张开，向受礼者握手。在握手前，双方应先脱下手套、摘下帽子，如果女士戴着薄纱手套可以例外。

握手要热情，握手时双目要注视着对方的眼睛，微笑致意，并且口道问候。

握手要注意力度，握得太轻，对方会觉得敷衍；握得太重，会让对方觉得粗鲁、轻佻而不庄重。女士尤其不要把手软绵绵地递过去，显得傲慢无礼。

掌心向下握住对方的手，显示着一个人强烈的支配欲，给人高人一等的感觉，应尽量避免这种傲慢无礼的握手方式。相反，掌心向上同他人握手则显得谦卑与恭敬，如果伸出双手去捧接，则更显谦恭备至。而异性初次见面握手时，男士忌双手相握，以免显得过于热情。平等而自然的握手姿态应是双方掌心相握，这是一种最普通也最稳妥的握手方式。

握手的时间以 1 ～ 3 秒为宜，不可一直握住别人的手不放。与重要人物握手时，或者男士与女士握手时，时间以 1 秒钟左右为宜。

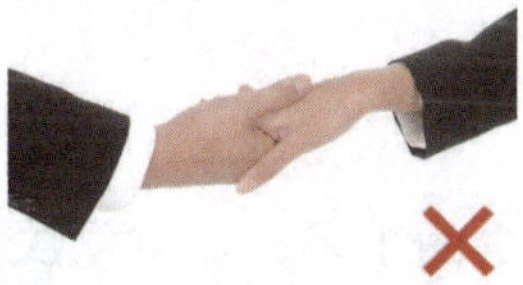

四、握手的禁忌

我们在行握手礼时应努力做到合乎规范，避免出现下述失礼行为：

（1）不讲先后顺序。正式场合，尊者优先。

（2）用左手握手。握手时应使用右手，以示对他人的尊重。

（3）交叉握手。在社交场合，如果要握手的人较多，可以按照一定的顺序进行，或由近及远或从左到右依次与人握手。要避免两人握手时与另外两人相握的手形成交叉状，这是非常不礼貌的行为。

（4）在握手时戴手套或墨镜。在握手时应摘下手套和墨镜，以示对对方的尊重；只有女士在社交场合戴着薄纱手套握手，才是被允许的。

（5）握手时身体其他部分行为不规范。忌在握手时另外一只手插在衣袋里或拿着东西，或者在握手时仅仅握住对方的手指尖，好像有意与对方保持距离。

（6）在握手时面无表情，不置一词或长篇大论，点头哈腰、过分客套。

（7）在握手时把对方的手拉过来或推过去，或者上下左右抖个不停。

（8）握手时手部不干净。与对方握手之前，应该保持手部的洁净，手掌有汗或手部有污垢都是对对方的不尊重，同时要避免与他人握手后用手帕擦手。

课堂互动

（1）社交场合中，两对夫妻初次见面，该如何依次握手致意呢？请进行情景模拟。

（2）小周是长电公司的年轻员工，某天他在公司搭乘电梯时遇到了公司的吴总经理。小周急忙向吴总伸出了手，想和他握手，吴总迟疑了一下和小周握了手。请分析小周的做法是否正确。

微课22 名片递接显诚意

任务二 名片递接显诚意

名片的使用是公关活动与商务交往活动中的一种重要交流手段。名片的使用简单、灵活，适应现代社会人际交往频繁的需要，已成为现代交际中的一种重要的自我介绍方式，被人们称为自己的“第二张身份证”、社交的“联谊卡”。因此，懂得名片使用礼仪是非常必要的。

一、名片的设计

名片是职场交际活动中必不可少的工具，双方初次见面，先互通姓名，再奉上名片，使双方快速、准确地了解对方的单位、姓名、职务、电话等信息。名片不仅可以传递信息、成为沟通的纽带，还在一定程度上代表着个人和企业的形象，因此要精心设计。

（1）尺寸。一般名片长 9 厘米，宽 5.5 厘米，呈长方形。形状奇特的名片虽然能引人注意，但在很多钱包和名片夹里都装不下，因而不易保存。

（2）内容。一张形象、效果俱佳的名片通常包括姓名、公司名称、商标或服务标志、职务、地址、联系方式等内容。

（3）文字设计。名片上的字体可横排也可竖排，可以单面印也可双面印；若与国外人员有业务往来的可以一面印中文，另一面印英文。

（4）版式设计。可以根据个人喜好或是公司要求设计名片上的字体颜色、底色、底纹等内容。

二、名片的分类

1. 交际类名片

除基本内容之外，还可以印上组织的徽标。涉外的单位还可在中文信息下方或在背面加上英文介绍，便于与外国人交往。

2. 公关类名片

公关类名片可在正面介绍个人，在背面介绍组织或经营范围。公关类名片具有一定的广告效应，可以起到宣传的作用。

三、名片的使用

1. 名片交换的时机

交换名片并不是随时随地都可以进行，而需要把握恰当的时机：

（1）希望认识对方。

（2）被介绍给对方认识。

（3）对方向自己索要名片。

（4）对方提议交换名片。

（5）打算获得对方的名片。

（6）初次登门拜访对方。

此外，遇到以下几种情况，则不需要把自己的名片递给对方，或与对方交换名片：①对方是陌生人而且不需要以后交往；②不想认识对方或与对方深交；③对方对自己并无兴趣；④和对方之间地位、身份、年龄差别很大。

2. 递接名片的技巧

递接名片讲究一定的规范和技巧，主要有以下几点：

（1）递名片时应起身站立，走上前去，双手食指和拇指执名片的两角，文字正面向上，一边自我介绍，一边递送名片；若对方是外宾，最好将名片印有英文的那一面朝向对方。

（2）对方递过来的名片，应该双手接过，以示尊重。

（3）接过名片后，应认真看上几秒钟，甚至还可以轻声念出名片上的公司名称及名片主人的工作头衔，以示尊重。

（4）接过他人名片并看过之后，应将其精心放在自己的手提包、名片夹或上衣内侧口袋里，切勿攥在手里或随意放在其他地方。

（5）如果自己没有名片或没带名片，应当首先向对方表示歉意，再如实说明理由，如“很抱歉，我没有名片”“对不起，今天我带的名片用完了，过几天我会亲自寄一张给您的”。

温馨提示

递接名片的注意事项：

（1）不要单手递接名片。

（2）不要将名片背面朝向对方或是颠倒着面对对方。

（3）不要将名片举得高于胸部。

（4）不要用手指夹着的方式递接名片。

3. 索取名片的方法

向他人索取名片时最好不要直来直去，可委婉表达。

（1）积极进取型。可主动提议说："李先生，我们交换一下名片吧！"而不是直截了当地向别人索要名片。

（2）投石问路型。即先将自己的名片递给对方，以求得对方予以"呼应"。

（3）虚心请教型。比如说："今后怎样向您求教？"以暗示对方拿出自己的名片进行交换。

（4）呼吁合作型。比如说："以后如何与您联系？"这也是希望对方留下名片以方便之后的沟通、合作。

如对方向你索要名片，你若实在不想满足对方的要求，也不可以直接拒绝。为了让对方不失面子，你可以表达得委婉一些，通常可以这样说："对不起，我忘了带名片"，或是"不好意思，我的名片刚刚用完了"。

四、名片的存放

一般说来，应把自己的名片置于名片夹内，并避免与杂物混在一起，以免使用时手忙脚乱。若穿西装，宜将名片置于上衣左上方内侧口袋；若有手提包，可放于包内伸手可得的位置。不要把名片放在皮夹、工作证或是裤袋内，这是一种非常失礼的行为。另外，不要把他人的名片与自己的名片放在一起，避免递送名片时出现失误。

课堂互动

（1）小张因为业务需要，去拜访一位大学教授。见到教授后他用左手递出名片，教授双手接过名片，端详一刻，口中念念有词，然后微笑着放入公文包，再致谢。教授回赠名片时，小张用右手接过名片，随即放入裤子口袋，然后就与教授谈起了业务，可是教授却一脸的不高兴，草草的就结束了谈话，最终这次拜访以失败而告终。请指出小张哪里做错了。

（2）每位同学根据自己的职业理想，为自己设计一张名片，要求如下：

1）利用所学礼仪知识，提前一周为自己设计一张名片。

2）小组成员间练习名片递接的场景，教师进行指导点评。

3）每组推出一名同学参加班级“名片设计达人”的评选，要求参选者作3分钟左右的讲解。

微课23　初识交谈展魅力

任务三　初识交谈展魅力

所谓交谈，一般是指以两个或两个以上的人之间的谈话为基本形式，进行面对面的口头交流的活动。交谈是一门古老的艺术，“一人之辩，重于九鼎之宝；三寸之舌，强于百万之师”。在人类发展史上，交谈作为一种社会现象，是和人类劳动、生活、交际活动一起发展起来的。

总的来说，交谈是人的知识、阅历、智慧、教养和应变能力的综合表现。广泛地交谈可以交流信息、深化思想、增强处理问题和解决问题的能力。想要在合适的时机恰当地表现自己，需要掌握交谈的礼仪要求、提高交谈的语言艺术，这对提高个人工作水平和工作效率也具有重要的作用。

一、交谈的原则

1. 真诚坦率

真诚坦率的态度往往可以拉近彼此之间的距离，创设融洽的交谈环境，为交谈的成功奠定基础。在交谈时，应认真对待交谈的主题，坦诚相见，直抒胸臆，明明白白地表达自己的观点和意见，只有用自己的真情实感才能激起对方的感情共鸣，交谈才能取得满意的效果。

2. 互相尊重

交谈是双方思想、感情的交流，是双向的活动。交谈双方无论地位高低、年纪大小，在地位上都是平等的。要尽量使交谈围绕主题进行，不要妄自尊大，忽略对方的存在；尽量使用礼貌用语，谈到自己时要谦虚，谈到对方时要尊重。

二、交谈的技巧

对职场人士来讲，由于职业的要求，交谈不仅要使对方听懂、理解，而且应向对方讲清事实，同意你的观点，进而改变其态度，修正其行为，这即是人们常说的交谈技巧。

（一）语言的使用

在语言使用上，要求交谈用语文明、礼貌、准确。说话时，态度要平和、自然。恰当使用敬语和自谦的语言，可以显示出个人的修养、风度和礼貌，有助于交谈的成功。

在交谈中，要经常使用以下五句礼貌用语：

1. 问候语“您好”

遇到相识者或不相识者时，不论是深入交谈还是仅仅打个招呼，都应主动向对方问一声“您好”。若对方先问候了自己，也要以此来回应。在有些地方，人们习惯以“吃饭没有”“最近在忙什么”“身体怎么样”“一向可好”来打招呼、问候他人，但在职场中都没有“您好”简洁、通用。

2. 请托语“请”

在要求他人做某件事情时，居高临下、颐指气使自然是不合适的，但低声下气、百般乞求也没有必要。在此情况下，多用上一个“请”字，既表明了对对方的尊重，也可以为自己赢得主动，得到对方的回应。

3. 致谢语“谢谢”

每逢获得理解、得到帮助、受到关照、接受服务或受到礼遇之时，都应当立即向对方道一声“谢谢”。这样做，既是真诚地感激对方，又是对于对方行为的一种积极肯定。

4. 道歉语“对不起”

当打扰、妨碍、影响了他人，或是在人际交往中给他人造成不便，甚至给对方造成某种程度的损失、伤害时，务必要及时向对方说一声“对不起”。这将有助于大事化小、小事化了，有助于修复双方的关系。

5. 道别语“再见”

在交谈结束、与人作别之际，应道上一句“再见”，可以表达惜别之意与恭敬之心。

（二）主题的确定

一般而言，交谈主题的多少没有严格规定，但主题少而且集中的话有助于交谈的顺利进行。主题过多、过散，不容易让交谈者抓住重点，容易使交谈过程变得杂乱无章。适宜选择的主题包括双方事先约定的主题、双方擅长或感兴趣的主题、文学艺术等高雅的主题、休闲娱乐等轻松的主题等。同时，在交谈中以下几种类型的主题不宜选择，否则容易引起对方的反感甚至厌恶：

1. 个人隐私

若双方是初交，则有关对方的年龄、收入、婚恋、家庭、健康等一系列的涉及个人隐私的主题切勿谈论。

2. 揭人短处

切不可对交谈对象尖酸刻薄、油腔滑调。不要挖苦对方所短，调侃取笑对方，让对方下不了台。俗话说“伤人之言，重于刀枪剑戟”。以这类取笑他人的主题为中心展开的交谈定将严重损害双方的关系。

3. 非议旁人

有人喜欢在交谈之中谈论他人的是非，或是随意评价他人，这是缺少教养的表现。

4. 倾向错误

违反社会伦理道德、生活堕落、思想反动、政治错误、违法乱纪之类的主题都应该坚决避免。

5. 低俗负面

与他人交谈时不能一味地说一些令人不快或对方不感兴趣的话题，更不能说一些低级且庸俗的话题，同时应避免把自己的负面情绪和烦恼强制分享给对方。如若出现这些情况，应立即转移话题，同时还应向对方道歉。

（三）方式的选择

1. 神态专注

在社交场合与人交谈时，眼睛要看着对方，全神贯注、聚精会神，不东张西望、似听非听。与人交谈时目光游移、三心二意是一种缺乏自信的表现，也是对人不尊重的表现。

2. 语言、动作配合

在对方“说”的过程中，可以使用“嗯”“是的”等给予反馈，表示自己一直在倾听。在对方需要理解和支持时，应以“对”“没错”“真是这么一回事”等来加以回应，这样可以让对方增强信心，产生好感。

3. 礼让对方

在他人讲话时，尽量不要中途打断，如需要发表意见或进行补充，应等对方讲完再进行。在倾听他人讲话时还应给予应当的赞许，不要直接陈述令对方不快的事，更不能因此伤害对方的自尊心，而应措辞委婉，礼让对方。

4. 适可而止

与人交谈时，应把控好交谈的持续时间以及个人发言的时长，做到适可而止。一般场合的交谈，应以半小时左右为宜，最长不超过 1 个小时；交谈中个人发言最好不超过 3 分钟，最长不要超过 5 分钟，使每个参加谈话的人员都有机会发言，以示平等。切不可将交谈变成一言堂，夸夸其谈、长篇大论，否则极易引起他人反感。

温馨提示

在交谈中的行为禁忌：手势过大、音量过高、距离过近；不停地看手表、打哈欠、伸懒腰；左顾右盼、摇头、低头、偏头；交头接耳、讥笑他人；不打招呼，旁听他人间的面谈；中途退场，不表歉意。

课堂互动

（1）小王是一名刚刚参加工作不久的接待人员，一次奉命接待一名公司的客户。客户来到公司，小王看到后说："陈先生，我们经理让你去他办公室。"这位陈先生一听，心想：我又不是你的下属，凭什么让我上去就上去，哪有这样做生意的！一气之下就对小王说："你们想要谈生意，就自己来找我，我回宾馆了。"

以上述案例为例，讨论在与人见面交谈时应该要注意哪些礼仪规范。

（2）练习常用的职场礼貌用语，要求精神饱满、目光有神、面带微笑、适度点头。

见面礼仪检测

被考评人：________ 考评地点：________

考核项目	考核内容	分值	自评	组评	师评
握手礼仪	握手的顺序	10			
	握手的姿态	10			
名片礼仪	递接名片的方法、顺序	10			
	名片索取和存放的要领	10			
交谈礼仪	交谈的原则	10			
	交谈的技巧	10			
综合表现	以上三种礼仪的综合运用	40			
合计		100			

注：合计 = 自评 ×30%+ 组评 ×30%+ 师评 ×40%

项目实训

一、案例分析

广交会上，各方厂家云集，企业家们汇聚一堂。华新公司的徐总经理在交易会上听说伟业集团的崔董事长也来了，想利用这个机会结识一下这位素未谋面却又久仰已久的商界名人。用餐时，徐总经理见崔董事长正与人交谈，便彬彬有礼地走上前去，“崔董事长，您好，我是华新公司的总经理，我叫徐刚，这是我的名片。”说着，便从随身携带的公文包里拿出名片，递给了对方。崔董事长显然还沉浸在与他人的谈话中，他顺手接过徐刚的名片，回应了一句“你好”，草草看过后便放在了一边的桌子上。徐总在一旁等了一会儿，并未见这位崔董事长有交换名片的意思，便失望地走开了。请思考，这个案例说明了哪些问题?

二、会面礼仪训练

请设计两个公司之间进行业务洽谈的会面场景，将握手礼仪、名片礼仪、交谈礼仪等运用于其中并进行演示。

要求:

（1）学生以小组为单位进行演示。

（2）先小组互评，后教师点评。

03

|模块三|

职场商务交往

项目一　接待与拜访——从陌生走向熟悉

知识目标

- 熟悉接打电话的工作流程，并了解手机使用礼仪常识。
- 了解会前准备工作，并掌握会议室的布局安排及参会礼仪。
- 了解接待工作的准备事项，并掌握迎接来访者、乘车和引导工作的相关礼仪规范。
- 熟悉拜访工作的准备事项，掌握馈赠礼仪的相关要求。

技能目标

- 能根据实际工作场景，礼貌接听、拨打电话。
- 能根据会议需要，成功举办会议。
- 能根据实际工作情况，热情接待来访者。
- 能根据实际工作情况，得体地拜访他人。

素质目标

- 掌握商务礼仪的规范，顺利开展职场商务交往活动。
- 培养严谨的逻辑思维能力。
- 培养周到细致的工作态度。
- 培养职业礼仪素养。

情景导入

刘佳入职水电集团后，很快就进入了工作状态。她积极工作的态度、良好的职业形象、得体的举止给公司上下都留下了深刻的印象。公司领导通过考察，觉得在合适的时候可以让刘佳独当一面并委以重任。

项目设定与分析

接待与拜访

此次集团的一个重要合作伙伴将要前来拜访并商谈合作项目，上级领导安排刘佳专门负责此次接待和联系工作，同时做好会议准备及后期回访。为了顺利完成这次任务，刘佳多次与对方沟通，了解相关情况，并做了大量的准备工作。

分析报告

接待与拜访是职场中常见的也是重要的交流方式，涉及的人员、事务复杂繁多，任何一个小小的疏漏都可能会造成极大的影响，对负责的工作人员来说是个不小的考验。要做好接待和拜访工作，事前应与对方多交流沟通，并做好细致周到的安排，尤其是要掌握接待拜访过程中的礼仪规范。

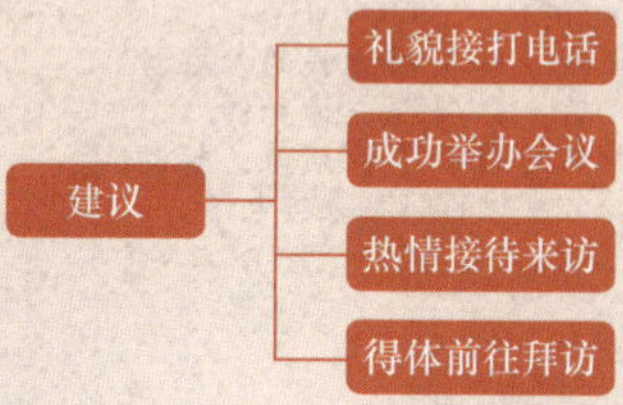

项目实施

微课24　礼貌接打电话

任务一　礼貌接打电话

电话是人们在职场中开展交往活动不可缺少的工具。接打电话的声音、语调等可以给他人留下一定的印象，使用电话时的习惯也可以反映出一个人的基本素养。在职场中，要想通过电话沟通赢得他人的信任，就必须掌握使用电话的基本礼仪。

一、接听电话礼仪

接听电话不可太随便，必须讲究一定的技巧、遵守一定的礼仪规范，以免产生误会。无论是打电话还是接电话，都应做到语调热情、大方自然、音量适中、表达清楚、简明扼要、文明礼貌。

1. 礼貌接听

及时接听

尽快接听电话会给对方留下良好的印象。电话铃响3遍之内就应接听，若响铃很久才接听应道歉："对不起，让您久等了。"如果既没及时接电话，又没有表达歉意，甚至极不耐烦，是极其不礼貌的行为。如果受话人正在做一件要紧的事情不能及时接听，代接的人应妥为解释。

自报家门

职场中，接听电话时首先要使用规范的语言问好，然后自报单位、部门和姓名。

正确示范	错误示范
✓ 您好！我是某某某。	× 喂！
✓ 您好！某某部，我是某某某。	× Hi!
✓ 早上好！某某单位，某某部门。	× Hello!

确认身份

对方打来电话，一般会主动进行自我介绍。如果没有介绍或者你没有听清楚，应主动询问对方，注意语言礼貌，不能用盘问的语气，使对方感到陌生而疏远，缺少职业素养。

正确示范	错误示范
✓ 请问您是哪位？	× 喂！哪位？
✓ 您找哪位？	× 喂！找谁？
✓ 我能为您做什么？	× 喂！什么事？

如果对方找的人在旁边，你应说“请稍等”，然后用手掩住话筒，轻声招呼你的同事来接电话。

转达记录

如果对方找的人不在，应该告知对方，并且询问是否需要留言。如有留言，要将对方的姓名、工作单位、电话号码、事情简要、是否需要回电等信息进行记录，并及时转告。

正确示范	错误示范
✓ 需要留言吗？	× 不知道！
✓ 我一定转告！	× 他不在！
✓ 我会通知他回电的！	× 待会再打来吧！

2. 注意事项

注意姿态

- ✦ 调整状态，身体端坐，不可慵懒、散漫。
- ✦ 左手接听电话，便于右手随时记录有用信息。
- ✦ 嘴和话筒保持 4cm 左右的距离，不宜太近或太远。
- ✦ 要把耳朵贴近听筒，仔细倾听对方的讲话内容。

通话要求

- ✦ 通话过程中要面带微笑，声音亲切、自然。
- ✦ 接打电话的时候不能叼着香烟或吃东西。
- ✦ 说话时，声音不宜过大或过小，吐字清晰，保证对方能听明白。

挂断电话

- ✦ 注意次序：身份高者先挂断，以示对其的尊重。
- ✦ 没有身份高低差异时，应保证主叫方先挂断电话，因为主叫方是有事的一方，要确保其把话说完。
- ✦ 轻拿轻放，不可“啪”的一下将电话挂断，这会显得极不礼貌。

二、拨打电话礼仪

1. 择时通话

拨打电话要慎重选择好时间，以免给对方造成不便。

（1）忌休息时间打电话。比如用餐时间、午休时间，尤其是晚上的睡觉时间，有的人习惯早睡，所以不要太晚打电话，早上七点之前也不宜打扰。

（2）忌占用私人时间打公事电话。如果是公事，也尽量不要占用他人的私人时间，尤其是节假日。

（3）避免在对方的通话高峰和业务繁忙的时间打电话。

（4）在国际交往中，为避免影响他人休息，在打电话前应力求搞清各地区时差以及各国工作时间的差异，尽量不要在休息日打电话。即使客户已将家中的电话号码告诉你，也尽量不要往客户家里打电话。

2. 长话短说

不是十分重要、紧急、烦琐的事务，通话时间一般不宜过长。打电话时要力求遵守“3分钟原则”，即打电话时，拨打者应自觉地、有意识地将每次通话时间控制在3分钟内，尽量不要超过这个时间限定。

3. 内容规范

（1）通话前的准备。在通话之前，最好把对方的姓名、电话号码、通话要点等内容罗列清楚，这样做可以避免通话者在谈话时出现现说现想、缺少条理的问题。

（2）简明扼要。电话接通后，除了要问候对方，还要记得自报单位、职务和姓名；如果请人转接电话，一定要向对方致谢；经过寒暄，就应直奔主题。

（3）适时挂断。打电话时，如果要说的话已经说完，就应该果断地终止通话。不可话讲完后，仍然反复铺陈、絮叨，否则会让对方觉得你做事拖拉，缺少教养。

4. 注意语调语速

打电话的目的是进行交流和沟通，而打电话时双方只能听到对方的声音，所以在通话时一定要保持态度亲切、语调平稳、柔和、语速适中，达到使对方“闻其声如见其人”的效果。为达到这样的效果，就应做到以下几点：

（1）语调平稳，面带微笑。对方无法从电话中看见我们的神态和表情，因此，许多人在打电话时表情往往是机械且缺乏活力的。而对方从电话中听到的声音往往是平淡的、呆板的甚至是不愉快的。这就要求在通话时声音要富有感情，语调平稳柔和，且要保持微笑。

（2）语速适中，吐字清晰。在电话里语速要适中，音量也适中。此外，嘴要对着话筒，咬字要清楚；特别是在说到数目、时间、日期、地点等关键内容时，一定要和对方确认好，保证信息准确无误。

三、手机使用礼仪

手机的出现和广泛使用，使人们之间的联系更为便捷，但如果在使用时不注意礼仪，就会干扰别人，给他人带来不便。在职场中，手机的使用应遵循以下要求。

1. 手机的放置

（1）手机应放在不易察觉之处，如公文包内。
（2）体积较小的手机可放在西装内侧衣袋内。
（3）勿将手机作为饰品挂在胸前。

2. 使用手机的要点

（1）铃声响起要及时接听。
（2）未能接听要及时回复。
（3）礼貌通话，言语文明。
（4）公共场合要控制铃声音量。
（5）外出做客要减少通话。
（6）驾驶车辆要避免使用。

3. 使用手机的禁忌

（1）不要主动索要他人手机号码。
（2）不要借用他人手机。
（3）不要看别人发信息。
（4）不要偷拍他人。
（5）不要使用粗俗的铃声。
（6）不要在禁止区域内使用手机。

4. 发送信息的注意事项

（1）发送信息要署名，一目了然。
（2）收到信息要在第一时间回复，以示尊重。
（3）学会使用信息提醒等功能。
（4）与人交谈勿频繁翻看手机或与他人发送信息。
（5）注意发送时间。

课堂互动

（1）请分析以下情景对话中有哪些不当之处，正确的做法应是怎样的。

甲：“喂，大宁公司吗？张女士在不在？”
乙：“她不在！”
甲：（急不择言）“怎么会不在？”
乙：（发火）“我怎么知道！”
甲：（语塞）“那，那，那就跟你说吧！”
乙：“我现在有事，你等会再打过来吧！”

（2）早上，办公室秘书小陈接到董事长的电话：“陈秘书，办公室何经理在不在？请他到我办公室来一下，我有紧急事情要和他商量……”可是何经理刚好不在，说是在外面开会需要晚一点才到办公室。如果你是陈秘书，你会如何给何经理打电话并告诉他有关事项？

任务二 成功举办会议

微课25 成功举办会议

会议是职场工作中的重要组成部分，除了公司的常规会议，在职场商务往来中也会举办见面会、洽谈会、谈判会等。组织会议和参加会议也是每一位职场人士经常经历的事务。会议的组织筹备是公司内外交往的重要环节，筹备工作的好坏会直接影响会议召开的效果以及会议进展的效率，往往牵涉的面也比较广，对公司形象和员工形象也有重要影响。

一、会前准备工作

1. 确定会议主题和议题

会议主题和议题的确定要有切实的依据，必须结合本单位的实际情况来确定，确保主题明确、聚焦，议题精炼、数量适中。

2. 确定会议名称

会议名称一般由“单位 + 内容 + 类型”构成，应根据会议的主题来确定。

3. 确定会议规模和规格

本着精简效能的原则，会议的规模有大型、中型和小型之分，会议的规格有高档次、中档次和低档次之分，应根据本单位实际需求来确定。

4. 确定会议时间和会期

会议的举办时间，要考虑主要领导是否能出席以及出席者的日程安排；会期的长短应与会议内容紧密联系。

5. 确定会议所需用品和设备

会前应准备好会议所需的必备用品和特殊用品。必备用品是指各类会议都需要的用品和设备，包括会议室、文具、桌椅、茶具、扩音设备、照明设备、空调设备、投影和音像设备等；特殊用品是指一些特殊类型的会议，如谈判会议、庆典会议、展览会议等所需的特殊用品和设备。

6. 建立会议组织机构

会议组织机构包括会务组、宣传组、秘书组、文件组、接待组、保卫组等。

7. 确定与会人员名单

与会人员包括出席会议和列席会议的有关人员，应根据会议的性质、议题、任务来确定与会人员。

8. 确定会议地点

根据会议的规模、规格和内容等的要求来确定会议地点，有时也需考虑政治、经济和环境等因素。

9. 安排会议日程

会议日程是指会议在举办期间各项活动的具体时间安排，是对会议所要通过的文件、所要解决的问题的概略安排，应冠以序号将其清晰地罗列出来，必要时应编辑成会议日程手册。

10. 制发会议通知

会议通知的内容应包括会议名称、时间、地点、与会人员、议题及要求等，拟写好会议通知后应选择合适的发送方式，包括书面通知、电话通知、邮件通知等。发送完毕后应确定对方是否收到或知悉。

11. 制作会议证件

会议证件的内容一般包括会议名称、与会者单位、姓名、职务、证件号码等，有些重要证件还应贴上本人照片，加盖印章。

12. 准备会议文件资料

会议文件资料主要包括会议日程表、会场座位分区表、主席台及会场座次表、主题报告、领导讲话稿、其他发言材料、开幕词、闭幕词以及其他会议材料等。

二、会议室的布局安排

（一）小型会议

1. 会议桌的布局形式

小型会议会议桌的布局形式主要有椭圆形、U 字形和长方形等，一般容纳人数较少，但方便相互交流。

椭圆形

U 字形

长方形

2. 座次安排

在座次的安排上，按照国际惯例，应坚持面门为尊、以右为尊、中间高于两侧的原则，即面对门或远离门的位置为尊位，而尊位右手边为次尊位，应安排客人就座，左手边安排主方就座。

☺表示尊位，即主席（会议主持人）

☺表示尊位，即主席（会议主持人）

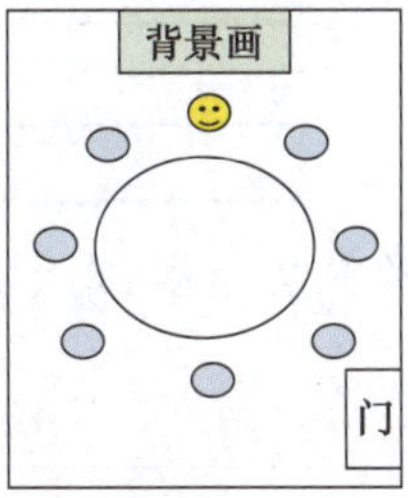

（二）中型会议

中型会议会议桌的布局一般采用圆桌式或课堂式的布局形式，其座次的安排依据布局形式的不同可参照小型会议和大型会议的座次安排。

圆桌式

课堂式

（三）大型会议

1. 会议桌的布局形式

大型会议一般采用礼堂式或剧院式的布局形式，容纳人数多，且设有主席台，适用于大型论坛、研讨会、演讲、总结会等活动。

礼堂式

剧院式

2. 主席台的座次安排

（1）一般商务会议按照国际惯例坚持以右为尊的原则安排主席台座次。

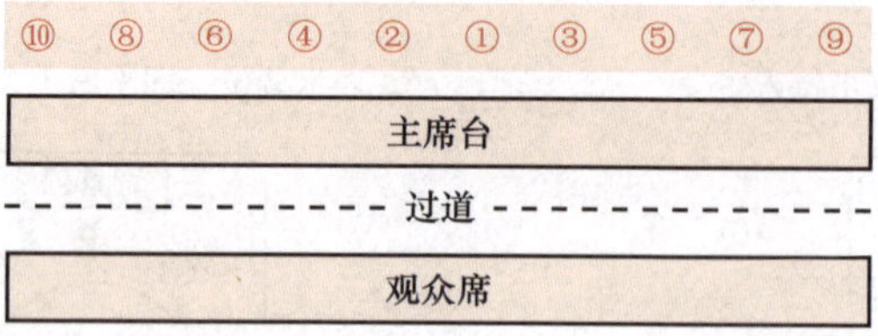

（2）我国内部党政大会一般按照以左为尊的原则安排主席台座次。

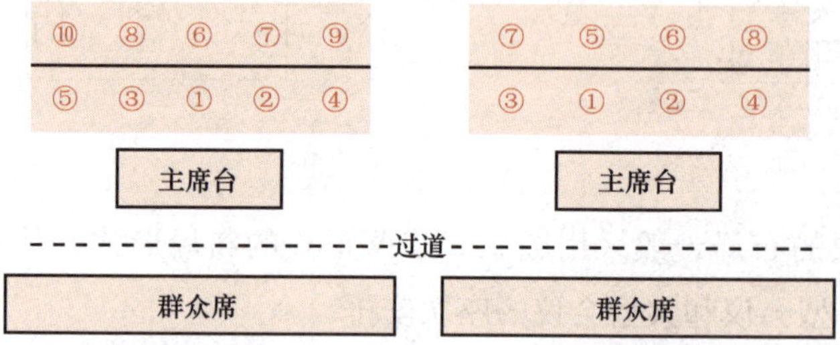

领导人为单数　　领导人为双数

三、参会礼仪

1. 遵守时间

参加会议时，一定要严格、自觉地遵守有关会议时间的具体规定，准时到会，不得无故迟到、缺席。

2. 遵守秩序

在会议举行期间，参会人员应自觉遵守会场的正常秩序，确保其顺利进行。

（1）文明就座：出席正式会议时，应按主办方指示文明就座。未获许可时，不得擅自选择座位，更不能争座抢座；不得东游西逛，中途退场。

（2）保持安静：安静的会场，是会议顺利进行的基本条件。除正常的鼓掌发言外，严禁出现任何噪声。

（3）遵守规定：对有关禁止录音、录像、拍照或使用移动电话等会议的具体规定，应认真予以遵守。

3. 专心听讲

当听取他人发言时，不允许心不在焉，更不得公然忙于他事。除适当地进行记录外，应注视对方，并在必要时予以点头、微笑或掌声表达对对方的支持之意。

课堂互动

案例一

天地工程有限公司总经理秘书沈君请前台秘书初萌协助，向公司的各部门主管发送此次重要的临时会议通知。通知的内容如下：

会议通知

各部门经理：

定于12月16日（星期三）下午1:30在公司会议室召开会议，讨论公司人员编制和工作绩效评估问题。此次会议内容重要，请有关人员务必准时出席，您能否参加，请于12月14日（星期一）之前打电话告知秘书陈红（电话：51426398。）。

总经理秘书沈君

初萌没有向各主管发送通知，她想反正是内部会议，只要在公司布告栏上贴一张通知就可以了。可是她忽视了一个问题：此次会议是临时召开的重要会议，并非公司例会。因此有些主管因为一直在工程现场，未能及时看到通知，造成了三位主管未能准时到会。待发现时，已是星期三的中午，初萌只得匆忙用电话通知三位主管迅速赶到开会地点。其中销售经理王宾接到电话后不满地说："这么重要的会，为什么不早点下通知？我下午约了客户，会议只能让我的助手去开了。"初萌急忙说："那可不行，总经理特别指示，有关人员务必准时出席。"王宾说："可是我已经通知了客户，改期已经来不及了，你说怎么办？"初萌张了张嘴，可什么也说不上来。

初萌应该怎样做才是正确的?

案例二

甲单位定于12月30日在月坛礼堂召开总结表彰大会，发了请柬邀请相关单位的领导与会，在请柬上把开会的时间、地点写得一清二楚。

接到请柬的几位领导很积极，提前来到礼堂开会。一看会场布置不像是开表彰会的样子，经询问礼堂负责人才知道，今天礼堂开报告会，甲单位的总结表彰会更换地点了。几位领导感到莫名其妙，个个都很生气，改地点了为什么不重新通知?

事后，甲单位的领导解释说，因秘书人员工作粗心，在发请柬之前还没有与礼堂负责人取得联系，一厢情愿地认为不会有问题，便把会议地点写在了请柬上。等开会的前一天下午去联系，才知得礼堂早已租给别的单位使用了，只好临时更换会议地点。但由于邀请单位和人员较多，更换地点的消息忘记发给几位领导，结果造成了上述失误。尽管领导登门道歉，但造成的不良影响却难以消除。

结合以上案例，说明在会议准备期应注意哪些问题。

任务三 热情接待来访

微课26 热情接待来访

接待是表达主人情谊、体现礼貌素养的重要方面，是给客人留下良好第一印象的重要环节。对于初次来访的客人，对所到单位的第一印象是从他首先看到的人和物上得到的，经常来往的客人，则在一次次的业务交往中建立起对该单位的印象。接待礼仪不仅直观地表现了接待者的素质，也代表着所在公司的形象。

因此，对于职场接待人员而言，在接待工作中，仅仅说上两句“欢迎！欢迎！”是远远不够的。接待人员对客人的尊重、友善、关心等，统统都需要落实到接待工作的各个具体环节。

一、接待准备工作

1. 准备内容

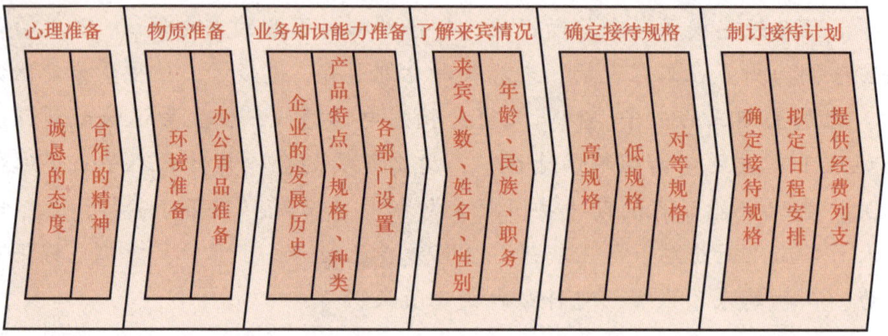

2. 接待规格的确定

在进行接待时，必须根据来访者的身份，确定接待的规格。一般来说，主要迎送人员的身份和职务应与来访者相差不大，以对口、对等为宜。接待规格过高，会影响来访者的正常工作；接待规格过低，易影响相互之间的关系。所以，确定接待规格时应慎重、全面地考虑。

（1）高规格接待，即主要陪同人员比来访者的职位要高的接待。如上级领导派工作人员来了解情况、传达意见，兄弟企业派人来商量要事等，一般需高规格接待，要求本单位领导出面作陪。

（2）低规格接待，即主要陪同人员比来访者的职位要低的接待。低规格接待通常在基层单位中比较多见，如上级领导或主管部门领导到本单位视察，只能低规格接待。

（3）对等接待，即主要陪同人员与来访者的职位对等的接待，这是最常用的接待规格。

二、接待礼仪

（一）迎候来访者

准确掌握抵达时间

提前到达以示欢迎与尊重，不让来访者久候或自寻目的地。

出示接站牌

对于需要接站的来访者因初次见面和迎接地点的拥挤喧闹，为便于识别，应准备接站牌、横幅或引导旗等进行迎接，使来访者能从远处看到，主动前来接洽；同时，应礼貌地询问清来访者信息，不要接错人，既保证接站顺利，又增加来访者的好感，增进双方感情。

热情相迎　　接待人员主动上前打招呼、问候以示欢迎，同时进行自我介绍并递送名片；如主方领导一同前往迎接，接待人员则进行宾主双方的介绍。

（二）乘车礼仪

接待人员见到客人时应主动与客人寒暄，征得同意后帮忙提皮箱、行李，引领至车上。如果主客双方同行且不同车时，一般主方座车在前，客方座车居后；主客双方同车时，则大都讲究主方人员后登车、先下车，客人先登车、后下车。

1. 上车、下车仪态

上车时，接待人员应先行一步为客人打开车门，一只手固定车门，另一只手护住车门上沿，防止客人磕碰头部。同时注意，应尽量将车门全部打开，方便客人登车。客人进入坐稳后，应轻关车门。下车时，接待人员也应先下车，重复以上流程，以示对客人的尊重。

男士上车时，一只脚先踏入车内，臀部坐到座椅上，再将另一只脚收进车里。女士上车时，应先背对车门站好，身体降低，让臀部坐到座椅上，再将双腿一起收进车里，双膝保持合并的姿势。切忌一只脚先踏入车内，或是爬进车内。

① 立于车旁

② 侧身入座

③ 双脚并拢入内

④ 不宜两脚分开上车

2. 乘车的座次

乘车时的座次一般需根据驾驶者的身份来安排。

以矫车为例，如有司机驾驶时，以后排右侧座位为首位，之后为左侧座位、中间座位、副驾驶位；如果由主人亲自驾驶，以副驾驶位为首位，后排右侧座位次之，之后为左侧座位、中间座位。若主人驾车且同坐多人，中途副驾驶位客人下车后，后排客人应下车改坐前座，以示对主人的尊重。

根据乘车的基本常识，副驾驶位是安全性较低的座位。因此，在社交场合，该座位一般不宜请妇女或儿童就座。而在公务活动中，副驾驶位，特别是双排五座轿车上的副驾驶位，则被称为随员座，专供秘书、翻译、警卫、陪同等随从人员就座。

在乘车的座次安排上一定要因人而异、因时而异，坚持客人为先、尊重为上的原则，即客人坐在哪里，哪里就是上座。

（三）引导来访者

1. 引导原则

（1）左右界定：把靠墙一侧的位置让给客人。

（2）前后界定：如果客人不认识路，应是陪同人员在客人的左前方（1～1.5m 处），身体侧向客人；如果客人认识路，客人应走在前面（客人有选择的权力）。

2. 不同场合的引导

（1）场合一：平面行进。

两人横向行进，内侧高于外侧；多人并排行进，中央高于两侧，内侧次之，外侧最低；纵向行进时，前方高于后方。

（2）场合二：上下楼梯。

纵向上下楼梯时，宜单行行进，以前方为上；男女同行时，一般女士优先走在前方，但遇到着裙装（特别是短裙）的女士，上下楼时宜让女士居后。横向行进时，陪同人员应该把内侧（靠墙一侧）让给客人，以示对客人的尊重。

（3）场合三：出入房间。

出入房间时，一般是客人或位高者先出入，就座或起身时也是客人或位高者先坐先起。如有特殊情况，如双方进入一个陌生的房间，则陪同人员应先进入。

（4）场合四：出入电梯。

1）扶手式电梯：客人站右侧。

2）无人操作的升降电梯：陪同人员先进后出，以便控制电梯。先进后出便于按住电梯开关，方便客人进出，同时便于帮助客人按楼层键。

3）有人操作的升降电梯：客人先进先出，陪同人员后进后出。

（四）送客礼仪

1. 婉言相留

当客人准备告辞时，应婉言相留，不要客人一说要走，主人马上站起相送，或者起身相留，这都有逐客之嫌。如果客人执意要走，也要等客人起身后，主人再起身。送客时应主动与客人握手道别，并送出门外或楼下。最后，还要用热情友好的语言欢迎客人下次再来。

2. 周到安排

送客时应按照接待时的规格对等送别，不能虎头蛇尾，而且要做好交通方面的安排，如购买车票、船票、机票或者安排车辆等。如果客人来访时带有礼品，那么在送客时也要回赠礼品。

3. 情感表达

送别客人时应向客人道别，顺祝旅途愉快，并目送客人离去，以示尊重。如要陪送到车站、机场、码头等地，车船开动时要挥手致意，等开远后才能离开。

课堂互动

（1）李秘书今天要与张经理及单位的司机一起去机场迎接C公司的姚经理。请演练乘车时的座次安排，以及上下车时的仪态礼仪。

（2）快下班时，公司来了一位客人，交换名片后，接待员小王得知这是房地产开发公司的张总，约好4点与本公司李总商谈要事，由于他有急事，比预约的时间晚了1个多小时。

要求：根据以上情景，每两人一组，一人扮演小王，一人扮演张总，在规定时间内完成接待与送客。

任务四　得体前往拜访

微课27　得体前往拜访

在职场中，经常要前往不同的地方拜访他人，以实现沟通情感、加强联络和扩大影响等目的。礼貌的拜访、得体的拜访礼仪的展现，可以树立良好的形象，是人与人和谐交往的开始，有利于使之后的沟通更自然、更愉快，使信息的传递更加直接有效。

一、拜访准备

1. 选择时间

精心选择合适的拜访时间，一般不在月初、月末，周一和周末，以及对方工作繁忙的时间拜访，以免打扰。

2. 预约沟通

事先联系预约，对拜访的日程和主要目的进行沟通，取得对方的同意，并给对方预留时间进行准备。

3. 物品准备

需要准备的物品包括个人物品，如合适的着装、名片、公司资料。如果是比较正式的拜访，一份得体又有代表意义的礼品也是必备的。

4. 信息准备

对所拜访的单位和主要人员的情况进行了解，以便拜访时能够顺利沟通和交流。

二、拜访礼仪

1. 准时赴约

拜访时要准时赴约，因故不得不迟到或取消访问的应及时通知对方，并说明理由、表达歉意。

2. 礼貌进入

到达被访人所在地时，一定要轻声敲门，进屋后应待被访人安排指点后再落座。后来的客人到达时，先到的客人应该起身站立，等待介绍。

3. 注意礼节

拜访时应彬彬有礼，遵守相应的礼仪规范。到达拜访地点后，如果与被访人是第一次见面，应主动递上名片，并作自我介绍，对熟人可握手问候。如带有礼品，此时进行赠送。

4. 拜访禁忌

如果被访人因故不能马上接待，应安静地等候。如果等待时间过久，可向有关人员说明，征得同意后可另定时间，且不能显现出不耐烦或不满。与被访人的意见相左时，不要争论不休。

5. 礼貌告别

拜访时间应根据拜访目的和被访人意愿而定，时间宜短不宜长。当被访人不耐烦或有临时事务要处理时，应尽快结束谈话；当被访人有结束会见的表示时，应立即起身告辞。告辞时要同被访人和其他客人一一告别，应说“再见”“谢谢”；被访人相送时，应说“请回”“留步”“再见”。

三、赠礼礼仪

拜访时，有时需要赠送礼品，一方面是为了传递情感，表示对对方的重视；另一方面，赠送的礼品往往具有纪念作用，也是对个人文化、企业文化的宣传。因此，在拜访时要注意礼品选择和赠送礼仪。

1. 礼品选择

礼品选择的影响因素多种多样，在拜访时应着重考虑以下因素。

（1）对象：要特别注意回避赠送对象的个人禁忌、民族禁忌、宗教禁忌。

（2）纪念性：选择礼品要注重纪念意义，不能只看价格高低。

（3）独特性：为了使对方对礼品有较深刻的印象，选择礼品时要注意选择比较特别的、与众不同的礼品。

（4）对等性：赠送他人礼品时，往往对方也会回赠，因此应根据双方关系亲疏及职位高低选择适当的礼品。

（5）便携性：礼品要便于携带，以免给赠送对象带来搬运上的麻烦。

2. 赠送时机

拜访他人时，赠送礼品的最佳时机是见面时，以帮助拉近彼此的情感距离；若为主方，则客人准备离开时是比较合适的赠礼和回礼时机。除此之外，节庆日也是赠礼表示心意的特定时机。

3. 赠礼细节

（1）包装：正式礼品、公务礼品均要包装，以表示郑重其事。

（2）解释：赠送时，对于礼品的用途、使用方法、特殊意义等要予以解释。

（3）仪态：赠送礼品时要落落大方，双手呈上。

（4）接受：接受礼品时也要落落大方，不要扭扭捏捏、假意推辞，也不能表现得受宠若惊。接受礼品时要使用双手，与对方握手并表示感谢。尽量把礼品放在显眼的位置，以示重视。

温馨提示

如遇到不便接受的礼品，如规章制度不允许或出于某种禁忌，可以委婉拒绝，但要真诚地做出合理解释，并同样感谢对方好意。

课堂互动

今天锋尚广告公司的李经理要去拜访有多年合作关系的台湾盛天公司姚经理，假设你是李经理，你会为这次拜访准备什么礼物呢？说说你的理由，并模拟礼物交换过程。

项目实训

一、电话交际礼仪训练

1. 实训背景

早上，办公室秘书小陈接到董事长的电话："陈秘书，何经理在不在？请他到我办公室来一下，我有紧急事情要和他商量……"何经理刚好去外面开会且需要晚一些才能回到办公室。因此，陈秘书准备给何经理打电话，并告诉他有关事项。

2. 实训内容

根据实训背景所描述的情况，演练以下内容：陈秘书礼貌地接听了董事长电话，解释了何经理在外开会的情况，并记录下电话内容；同时及时给何经理打电话沟通了相关事项。

3. 实训要求

（1）模拟办公室场景，3 位同学分别扮演陈秘书、董事长和何经理。

（2）当电话铃声响起，陈秘书必须注意办公室接电话的基本礼仪，使用规范的电话交际语言和技巧。

（3）陈秘书给在会议中的何经理打电话时，要注意特殊情况下打电话要领，不能因此干扰其正常开会或导致其他不方便。

（4）演练时，请其他同学作为评委进行点评，找出存在的问题，最后由教师进行总结。

二、案例分析

泰国某政府机构为一项庞大的建筑工程向美国工程公司招标。经过筛选，最后剩下三家公司。

泰国派代表团到美国亲自与各家公司商谈合作事宜。代表团首先到达芝加哥，但位于芝加哥的工程公司忙中出错，没有仔细核对飞机到达时间，未去机场迎接泰国客人。泰国代表团尽管初来乍到，还是自己找到了位于芝加哥商业中心的一家旅馆。他们打电话给那位局促不安的美国经理，在接受了他的道歉后，泰国代表团同意第二天 11 时在经理办公室与之会面。

第二天，美国经理按时到达办公室等候，直到下午三四点才接到客人的电话："我们一直在旅馆等候，始终没人前来接我们。我们对这样的接待实在不习惯。我们已经预订了下午的机票赶赴下一目的地，再见吧！"

请分析美国这家公司失去客户的原因是什么，怎样做才可以避免这样的情况发生。

三、制订接待方案

下月初新加坡客商将来水电集团公司进行为期三天的合作洽谈，请帮助刘佳写一份详细的接待方案。

接待方案

背景：______

主题：______

对象：______

规格：______

规模：______

时间：______

地点：______

日程安排：______

邀请工作安排：______

膳食预订：______

住宿预订：______

会场预订：______

参观游览预订：______

返程票预订：______

接站工作安排（包括人员安排、车辆安排、报到分发材料等）：______

礼品准备：______________________________

____

宴会安排：______________________________

____

费用预算：______________________________

____

其他安排：______________________________

____

应急预案：______________________________

____

项目二 商务宴会——绝佳的沟通平台

知识目标

- 了解宴会的形式，掌握宴会准备的内容及赴宴的注意事项。
- 了解中餐用餐的常识并掌握祝酒、敬酒的礼节。
- 熟悉西餐商务宴会的准备流程以及桌次、座次的安排，并掌握西餐用餐礼节。

技能目标

- 能根据实际工作需要，精心准备中餐宴会。
- 能根据实际工作需要，精心准备西餐宴会。

素质目标

- 掌握规范的商务礼仪，正确安排商务宴会。
- 培养严谨细致的思维能力。
- 培养得体的职业礼仪素养。

情景导入

水电集团的重要合作伙伴——山西的张总一行应邀前来拜访，就项目合作进行了深入广泛的洽谈，在很多方面取得了实质性的成果。为了表示欢迎和庆祝，也为了进一步增进感情，公司领导决定举行一次盛大的宴会。刘佳作为这次接待工作的主要负责人，自然承担起了承办此次宴会的工作任务。

为了体现公司的诚意，刘佳特意在菜的安排上面提高了档次，以空运的海鲜为主，并且亲自打电话给酒店，确认了酒宴的安排，包括宴会厅的安排、席位卡的摆放等。然而晚宴并没有按刘佳预想的那样顺利进行，酒店饭菜质量虽然很好，但客人们似乎不太喜欢，公司领导似乎也面有不悦。刘佳很不解，为什么自己的精心安排没有得到完美的结果呢？

项目设定与分析

成功举办宴会

成功举办商务宴会的关键是要做好充分准备。在宴会举办前要了解客人的饮食喜好，并且提前到酒店实地考察，然后再热情迎接客人的到来，这样才会比较圆满。当然作为宴会的参与人员，也必须知道参加宴会需要遵守的礼仪规范。

分析报告

宴会是接待拜访中常见的交往形式，能促进主客双方的情感和交流。虽然宴会不是接待拜访中的核心环节，但是在此过程中双方的交流往往能起到重要作用。

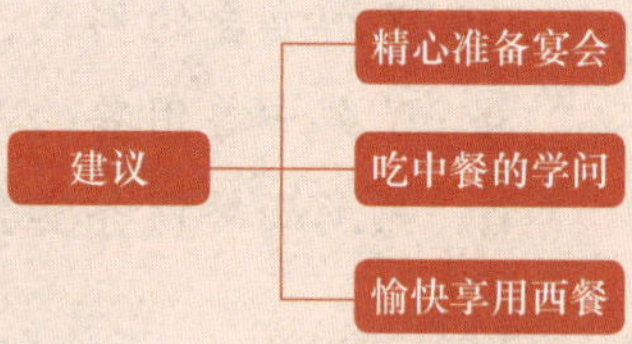

项目实施

微课28 精心准备宴会

任务一 精心准备宴会

宴会是为了表示欢迎、答谢、送别和祝贺等举行的餐饮活动，以增进友谊和融洽气氛，是商务交往中最常见的交际活动形式。宴会的形式多样，礼仪繁多，掌握宴会的相关礼仪规范是十分重要的。

一、宴会的形式

宴会的形式多种多样，要根据举办宴会的目的和具体情况选择合适的宴会形式。

（1）按规格来分，有国宴、正式宴会、便宴、家宴等。

（2）按餐别来分，有中餐宴会、西餐宴会、中西合餐宴会。

（3）按时间来分，有早宴、午宴和晚宴。

（4）按目的来分，有欢迎宴会、答谢宴会和送别宴会等。

（5）按性质来分，有鸡尾酒会、冷餐酒会、茶会、招待会等。

二、宴会准备的内容

（1）确定宴会目的、名义、范围和形式。

（2）确定宴会的举办时间和地点。

（3）向邀请人员发送请柬。

（4）根据参与人员的情况，可提前订菜。

（5）根据参加宴会人员的身份事先做好席位安排。

（6）根据宴会的主题、形式进行现场布置。

（7）与会场工作人员核对宴会程序及现场服务要求。

三、赴宴礼仪

（1）明确答复对方，以便主办方安排。一经答应，不能轻易改动。

（2）适度修饰仪表，如要求正装出席，男士必须系领带，女性可穿着稍显华丽的服饰。

（3）适时到达，宴会开始前 3 ～ 5 分钟到达比较合适。

（4）不能出席的应提早告知主办方并说明情况，取得谅解。

（5）中途道别应说明情况并致歉，选择恰当时机以减少影响。

课堂互动

某酒店正在举办一场盛大的宴会，宴会厅布置得十分高雅，每张桌子上都摆放了一盆大绣球似的黄澄澄的菊花插花，远远望去，甚是可人。不过主办方工作人员却发现有几位法国客人一直站在宴会厅入口处迟迟没有就座。经过同翻译人员的一番交谈，终于明白了法国客人不肯就座的原因。

请问:

（1）在这次宴请活动中，法国客人为何迟迟不肯入座?

（2）在宴请活动开始前，除了应知道宴会规格、目的、性质外，还应该注意哪些问题?

任务二　吃中餐的学问

微课29　吃中餐的学问

中国是礼仪之邦，正式的中餐有很多礼仪，如席位的安排、点菜的技巧、敬酒的礼仪以及就餐期间的注意事项等，都有规范的要求。

一、中餐宴会席位安排

中餐宴会的席位安排，包括桌次安排与座次安排。

1. 桌次安排原则

举行正式的中餐宴会时，通常采用圆桌，各桌人数不宜超过 10 人。主桌可采用较大的圆桌，其他餐桌须大小一致。主桌是为贵宾和第一主人准备的，赴宴者如不是主宾，不可贸然入座。同时，桌次的安排也应遵循如下三项原则:

（1）以右为上：当餐桌有左右之分时，应以面向门的右侧餐桌为上桌。

（2）内侧为上：当餐桌距离餐厅正门有远近之分时，一般以距门较远的餐桌，即靠内侧的餐桌为上桌，亦称“以远为上”。

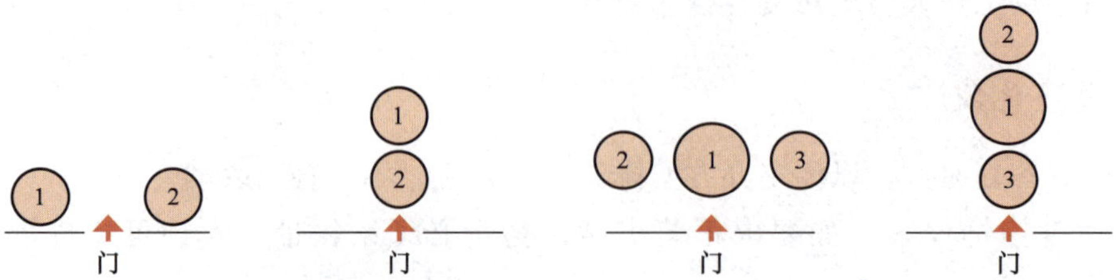

（3）居中为上：当多张餐桌排列时，一般居中央者为上。

实际上，以上三种桌次安排方法往往会被交叉使用，具体的桌次安排还是要根据宴会需要及场地情况来确定，如以下两种突出主桌的排法（次桌第一主人应面向主桌主人）：

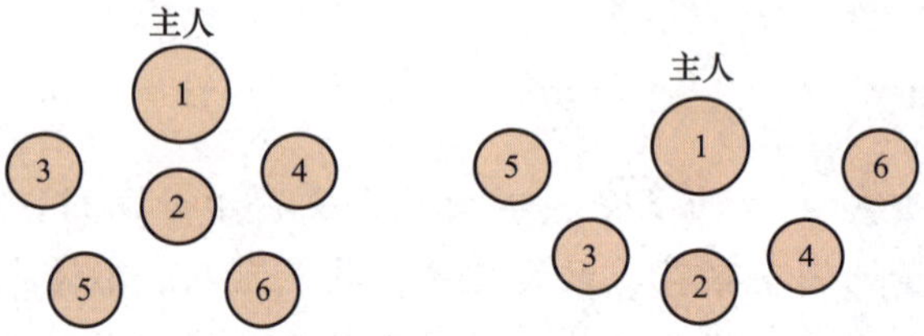

2. 座次安排顺序

在宴会上，座次是指同一张餐桌上席位的次序。中餐宴会上座次的安排顺序如下：

（1）面门为上：正式宴会时，主桌主人通常坐在面向餐厅正门、能纵观全局的位置。有多位主方人员时，第二位主方人员应与第一位主人相向而坐，其余主方人员与客方人员交叉排列。

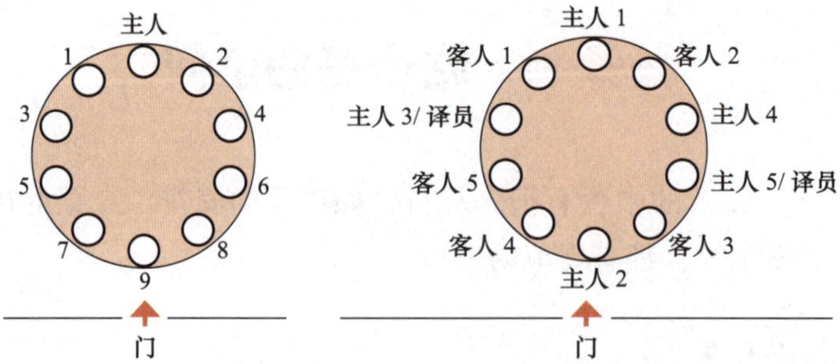

（2）依礼排序：除去主人，同桌上其他成员的席位应依据礼宾次序（一般根据职务排序）排列，这是安排座次的主要依据。即在排座次之前要把已经落实出席的主、客双方名单，分别按礼宾次序排列出来，靠近主人的座次为上，主宾双方交叉排列。

（3）特殊情况：外交多边活动中，应注意来宾之间的政治关系。关系紧张者，尽量避免排在一起，译员一般安排在主宾的右侧。

温馨提示

我国传统习俗讲究好事成双，因此每桌就座人数最好为双数，以示吉利。实际安排席位时，除依据礼宾次序外，对其余来宾的安排还要考虑其他一些因素，例如语言相同、工作性质相同、性别相同或身份大致相同的适宜安排在一起。

二、中餐就餐礼仪

（一）点菜礼仪

一般由主方点菜，让客人点菜会使客人感觉为难，所点菜肴的档次代表着主方对客人的热情和重视程度。点菜时应考虑客人的口味和饮食习惯，可以询问客人的偏好和禁忌，最好事先做好了解。

点菜时应根据人数和性别进行，一般遵循“人均一菜”的原则，荤素搭配得当，可视具体情况增减。

（二）用餐礼仪

就座后不要急于动筷，须等主人举杯示意或等主人动筷说“请”之后才能动筷。

用餐前可将餐巾一角压于餐具下，然后盖在大腿上。餐巾是用于保洁服装的，不可塞在领口，也不可用来擦脸擦汗，只可用来擦嘴。而对于餐前送上的湿毛巾，只可用于擦手，切不可用于擦脸、擦嘴。

夹菜时，一是要等餐桌转盘停止转动时再动筷子，有公筷要注意使用公筷；二是夹菜适量，不要取得过多；三是取菜时尽量取自己面前的菜品，不可伸长胳膊去够远处的菜品；四是不能用筷子随意翻动盘中的菜品；五是用勺子取食物时，不要过满，避免食物掉落或溢出。

进餐时举止要文明礼貌，做到“不马食，不牛饮，不虎咽，不鲸吞，嚼食物、不出声，嘴唇边、不留痕，骨与秽、莫乱扔”。进餐时，如果出现打喷嚏、打嗝等不由自主的声响时，应及时说“真不好意思”“对不起”“请原谅”之类的话，以示歉意。

如果要给客人或长辈布菜，应使用公用筷子，也可以把离客人或长辈较远的菜品送到他们面前。

最后离席时，必须要向主人表示感谢，或者趁此机会邀请主方人员到己方处作客，以示回谢。

① 注意吃相

② 不胡乱布菜

③ 不用筷子指人

④ 不用筷子剔牙

⑤ 嘴不含牙签

⑥ 不发出异响

⑦ 不敲击碗筷

（三）祝酒、敬酒礼仪

1. 祝酒礼仪

祝酒是指在正式宴会上，由主人提议，以示对来宾的欢迎或是祝愿事情成功、美好的一种礼节。祝酒应在特定的时间进行，不能因此影响来宾的用餐，一般适合在宾主入座后、用餐开始前进行。若有必要还需准备祝酒词，祝酒词的内容应简洁而有说服力。

2. 碰杯礼仪

干杯前，应右手举杯，左手托底，并可以象征性地和对方碰一下酒杯，之后与对方同时饮酒。碰杯的时候，不可用力过大，同时要让自己的酒杯低于对方的酒杯，表示对对方的尊敬。

3. 敬酒礼仪

一般情况下，敬酒应以年龄大小、职位高低、宾主身份为先后顺序，分清主次。即使和不熟悉的人在一起喝酒，也要先打听一下身份或是留意别人对其的称谓，避免出现尴尬。一般敬酒的顺序是主人敬主宾，陪客敬主宾，主宾回敬，之后陪客互敬。

敬酒时应起身站立，双手举杯，可以多人敬一人，但不允许一人敬多人，除非是主人或首要领导。敬完酒后还要及时帮对方添酒。敬酒时还应事出有名，要有说辞，以加强相互间的交流，增进情感。

4. 不强行劝酒

如果因为生活习惯或健康等原因不适合饮酒，也可以委托亲友、部下、晚辈代喝或者以饮料、茶水代替。作为敬酒人，应充分体谅对方，在对方请人代酒或用茶饮代替时，不要强行劝酒，做到文明饮酒。

课堂互动

中午，林先生到一家公司应聘主管职位，负责招聘工作的郑总对他很满意，认为他工作能力很强。此时正好到了公司的午餐时间，于是郑总邀请林先生共进午餐。吃饭时，林先生不言不语，风卷残云，很快就吃完了。午饭后，郑总却对林先生说他缺乏沟通能力，缺少管理人员应有的素质，因此不能聘用他。林先生想不明白，只不过吃了一顿饭，煮熟的鸭子怎么就飞了？

请问：

（1）林先生什么地方做错了？

（2）试结合林先生的错误来谈一谈餐饮礼仪在职场上的重要作用。

任务三 愉快享用西餐

随着生活方式的更新和社会交往的活跃，我国吃西餐的人越来越多。现代职场人士更是避免不了要进入西餐厅，要想在就餐过程中举止得体、充满自信，就必须了解一些西餐就餐的知识。

微课30 愉快享用西餐

一、西餐宴会席位安排

从总体上来讲，西餐宴会的礼节比中餐宴会的礼节更为严格，讲究颇多且烦琐复杂。

1. 桌次安排原则

西餐宴会一般使用长条桌，遵循居中为上、以里为上、以右为上的桌次安排原则。

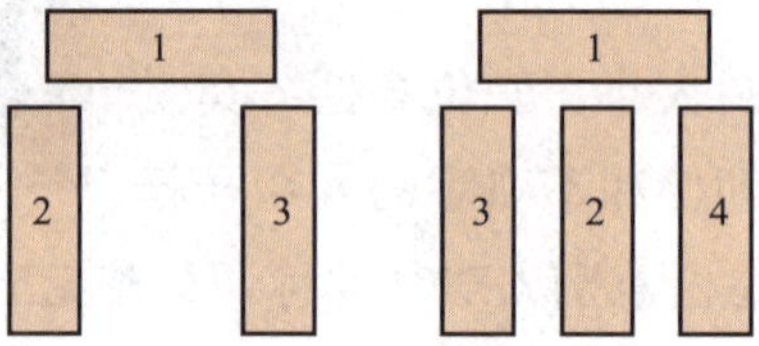

2. 座次安排顺序

西餐座次排列依据场合不同大体有以下三种形式：

（1）社交型，交叉安排主宾座次，便于交流沟通。

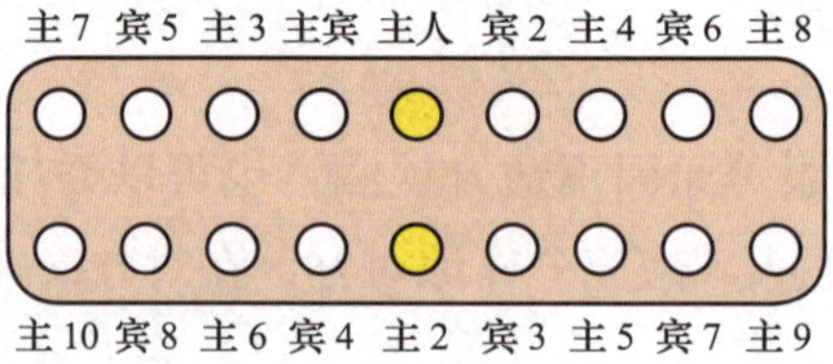

（2）会谈型，兼有工作会谈性质。

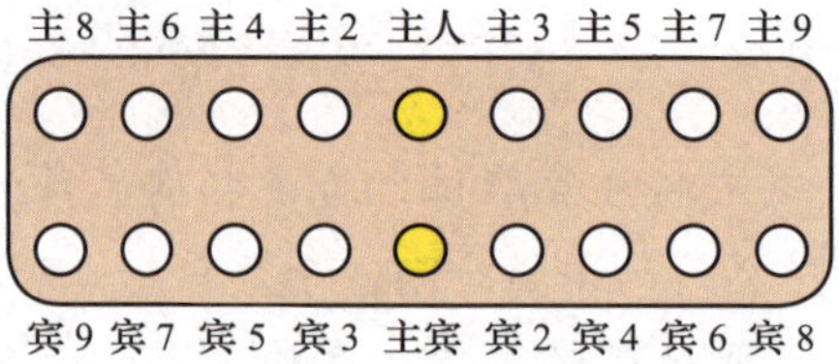

（3）小型宴会、家宴型。

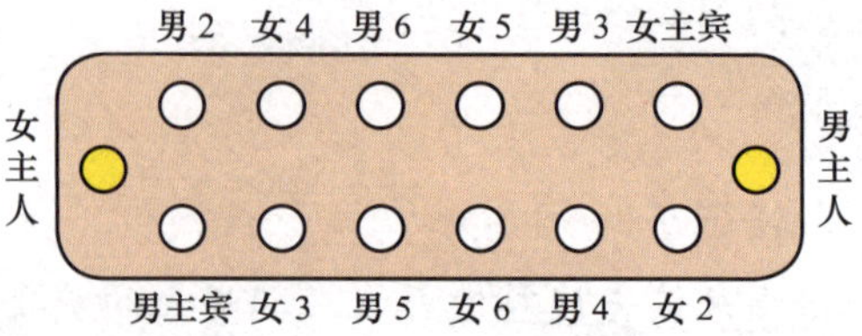

二、西餐就餐礼仪

（一）准点到场

赴西餐宴会，抵达过早或过晚均为失礼。比较适时的做法是既不要迟到，又不要早到15分钟以上。

（二）餐前交流

在西餐宴会上有30分钟左右的混合时间（Mingling Time），也称转圈时间（Circling Time），供主宾之间相互交流。在这个时间段内就餐者一般会在场内游走，如同转圈，会问候一下主人，联络一下老朋友，同时也会认识几位新朋友。

（三）礼貌入席

入席顺序：主人夫妇与主宾夫妇先入席，之后其他宾客及陪客入席。

拉椅：晚辈为长辈拉椅，男士为女士拉椅。

位置合适：落座后椅子和餐座之间不要过近或过远。

坐姿：双腿靠近，两脚平放在地上，保持坐姿端正。

手势：双手不能放在邻座的椅背或餐座上，更不要用两肘撑在餐座上。

手提包：手提包应放在椅子脚边，不应放在椅子上。

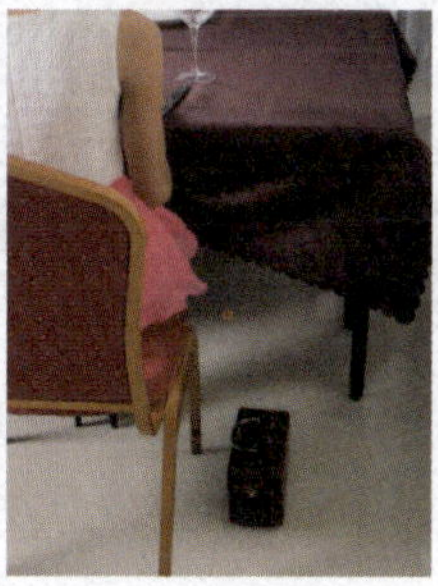

（四）餐具使用方法

1. 餐巾的使用

餐巾也称口布，应摊开后对折铺在大腿上，不宜扎在裤腰上或围在衣领上。餐巾可用于防止汤汁滴落在衣物，也可用于擦嘴（用反摺的内侧来擦）、掩口，但不可擦脸、擦汗、擦餐具。

中途暂时离席时，应把餐巾放在椅子上，表示用餐未完毕，还会回来继续用餐。

2. 刀叉的使用及摆放的含义

（1）刀叉的使用。

西餐餐桌上摆放的刀叉有一定的使用顺序，一般以三套刀叉居多，使用原则为左手叉右手刀，用餐时按照由外向内、由上而下的顺序依次取用。

手拿刀叉时，食指应放在餐具背上，方便发力。同时要注意握刀、握叉的姿势，切忌挥舞刀叉或用刀叉指人。

刀叉的用法分美式和欧式两种，美式用法是切完食物把刀放在盘子上，叉子从左手换到右手，然后右手使用叉子用餐；欧式用法则始终为左手拿叉、右手拿刀。

在吃不同食物时，刀叉的使用也是有讲究的。吃鱼应使用银刀叉，吃肉应使用钢刀叉，吃蔬菜应使用餐叉，吃甜品时应使用甜品叉或甜品勺，吃水果时也应使用刀叉。同时要注意，切食物时应从左边开始，切一块吃一块，每次切一口的量，不可切一大块分数口吃，或一次全切开再吃。切记，使用餐刀时不可在餐盘上磨出声音。若餐具掉落应请服务员拾起换新，不可捡起擦拭后继续使用。

（2）刀叉摆放的含义。

刀口向内、叉齿朝上、刀右叉左地并排纵放，或者刀上叉下地并排横放在餐盘里，表示用餐完毕；刀口向内、叉齿朝下、刀右叉左呈“八”字形摆放在餐盘上，表示尚未用毕，会继续用餐。

用餐完毕

暂停用餐

（五）西餐菜品及点菜顺序

西餐宴会上的菜品与中餐宴会菜品相比有很大不同，中餐宴会菜品一般包括 6 ～ 8 种冷菜、10 余种热菜、汤及点心、水果等，显得十分丰富；而西餐宴会菜品一般分为 7 道，且每道菜品一般只有一道菜。

西餐宴会上的全套菜品一般包括开胃菜、汤、副菜、主菜、配菜、甜品、饮品（咖啡或茶），这也是西餐的上菜顺序。开胃菜也被称为头盘，一般独具特色风味；副菜一般为鱼类、海鲜类菜肴，因其肉质鲜嫩易消化，所以放在肉类菜肴前面上桌；主菜以肉、禽类、菜肴为主，主要包括牛肉、羊肉、猪肉、鸡肉等，最具代表性的为牛肉或牛排；配菜指的是蔬菜类沙拉，可以与主菜同时上桌。

西餐点菜与中餐点菜顺序不同，西餐点菜时并不是由前菜（即开胃菜）开始点起，而是首先选择想要吃的主菜，再根据主菜选择适合主菜的汤、配菜等。

（六）西餐酒知识及饮酒礼仪

1. 西餐酒知识

餐前酒（开胃酒）：餐前酒顾名思义是在开始正式用餐前或在吃开胃菜时饮用的酒水，具有激发食欲作用的酒水，一般包括鸡尾酒、味美思酒和香槟酒等。

佐餐酒（餐酒）：佐餐酒是在正式用餐期间饮用的酒水。西餐里的佐餐酒均为葡萄酒，包括红葡萄酒和白葡萄酒，一般根据主菜来进行选择，原则是红肉配红酒，白肉配白酒（红肉指猪、牛、羊肉，白肉指禽类肉）。

餐后酒：餐后酒指的是在用餐之后，用来帮助消化的酒水。最常见的餐后酒是利口酒，又叫香甜酒；最有名的餐后酒则是有“洋酒之王”美称的白兰地酒。

2. 西餐饮酒礼仪

（1）酒杯的选用及持法。

1）葡萄酒杯：无论是要品尝适合在常温下饮用的红葡萄酒，还是要品尝适合冰镇后饮用的白葡萄酒，应以握住杯脚的姿势来持杯。若是用手握住杯身的话，手的温度会使葡萄酒变温，从而改变其风味。

2）香槟杯：细长、类似长笛形状的笛杯易将香槟的气泡漂亮地展示出来，而扁平杯状的广口高脚杯多用在干杯的时候。两种杯子的持杯方法和葡萄酒相同，都是握住杯脚的最上方，比较方便饮用。

3）白兰地酒杯：用手掌由下往上包住杯身，这样手的温度可以激发出酒的香醇。

4）鸡尾酒杯：带有细长杯脚的鸡尾酒杯的持法和葡萄酒杯相同，都是握住杯脚的部分即可。

（2）斟酒。斟酒时应面面俱到、一视同仁，同时应以尊者、长者、嘉宾为先。斟酒要适量，啤酒可斟满，红酒斟二分之一，白葡萄酒斟三分之二，烈酒没过杯底即可。

（3）敬酒。敬酒容易使现场氛围热烈而欢快，致祝酒词适合在宾主入席后、用餐前开始进行，内容越短越好，忌长篇大论。他人敬酒或致辞时，在场者应一律停止用餐或饮酒，保持安静。

（4）干杯。与人干杯时，应起身站立，右手端起酒杯至双眼高度，口道“干杯”后饮去适当的量。在西餐宴会上，越过身边的人而与相距较远者祝酒干杯，尤其是交叉干杯，是非常失礼的表现。

课堂互动

刘佳在准备中餐欢迎宴会的过程中，要事先安排好参与人员的座次，请帮助刘佳设计用餐时的座次安排。对方参与的人员有总经理、部门经理（2位）、秘书。

水电集团拟出席宴会人员：

你的座次设计：

项目实训

一、中式宴请训练

四海公司为了扩大企业的知名度，加强与客户之间的沟通联系，决定利用公司成立十周年的机会，举办一场隆重的周年庆典，并在活动结束后宴请与会的企业领导。

1. 实训内容

将宴会的准备工作、席位的安排、迎宾、送客等宴会相关环节连贯地演示出来，注意宴会相关礼仪的运用。

2. 实训要求

（1）请同学们自己设计环境及台词，准备好相关道具，完成相应的交际任务。

（2）当一组同学进行模拟表演时，其他组的同学进行评估和打分，表演完毕后教师给予讲解。

二、西式宴请训练

阳光公司与香港天马集团就新合约进行谈判，谈判结束后阳光公司的总经理在西餐厅宴请天马集团谈判代表一行四人，阳光公司副总、销售部经理及秘书小李作陪。

1. 实训内容

将西餐宴请从摆台、入座、就餐、离席整个过程及餐具的使用情况演示出来。

2. 实训要求

（1）本实训可选择在教室或其他适合场所进行，事先准备好桌椅及餐具。

（2）教师可先将全班同学分成若干个小组，每组 8 人，进行角色扮演。

（3）模拟结束后各小组间互相点评，教师进行讲解。

项目三 沟通技巧——让成功无懈可击

知识目标

- 了解沟通的概念，掌握团队沟通的技巧。
- 了解对上沟通的基本态度，掌握请示汇报的要点。
- 熟知平级沟通的基本要求，并掌握平级沟通的技巧。
- 熟知对下沟通的原则，并掌握对下沟通的技巧。

技能目标

- 能根据实际工作需要，妥善处理好与团队中上级、平级和下级的各种关系。

素质目标

- 掌握有效的沟通技巧并能熟练运用。
- 树立学生与人为善的观念，培养学生构建和谐人际关系的能力。

情景导入

宋洋在辉煌商贸公司做客户专员有一段时间了，人比较随和，不喜争执，和同事的关系处得都比较好。但是，前一段时间，不知道为什么，同一部门的张力处处和他过不去，有时候故意在别人面前指桑骂槐，对与之合作的工作任务也都有意让宋洋做得更多，甚至还抢了宋洋的好几个老客户。

起初，宋洋觉得都是同事，没什么大不了的，忍一忍就算了。但是，看到张力越来越过分，于是一赌气告到了经理那儿。经理把张力批评了一通，但结果是从此，宋洋和张力成了绝对的冤家。

项目设定与分析

职场人际关系

宋洋所遇到的事情是在职场工作中经常出现的一个问题。在案例中，宋洋、部门经理、张力三人犯了一个共同的错误，那就是没有坚持“对事不对人”原则。如果大家都以工作为重从而加强沟通，妥善处理好与上级、平级、下级的各种关系，把双方之间产生的误会、矛盾化解开，相信结果肯定会更好。

分析报告

沟通是职场中获取信息、交流情感、改善同事关系、营造良好团队精神、提升工作士气的重要手段。了解、掌握并恰当地应用职场沟通礼仪有助于完善和维护个人的职业形象，创建和谐的人际关系，助推事业蒸蒸日上。

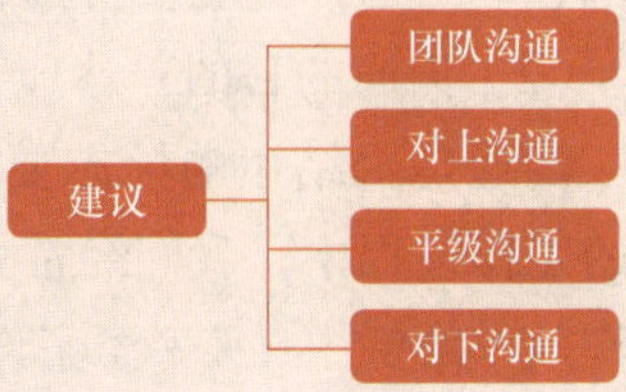

项目实施

微课31
团队沟通

任务一 团 队 沟 通

职场沟通是一门学问、一门艺术，良好的沟通不仅可以提高工作效率、解决工作上的问题，还可以增进双方的了解，创建良好的职场人际关系，让双方在心情舒畅中达成共识。

一、认识沟通

不管是职场中还是生活中，每个人都在不断地与别人进行着沟通。但每个人对沟通都有不同的理解，容易造成沟通中的困难和障碍，最终会导致沟通的失败。因此，我们有必要先了解什么是沟通以及有效沟通的技巧。

（一）沟通的概念

沟通是为了一个设定的目标，把信息、思想和情感在个人或群体间传递，并且达成共识的过程。沟通的顺利进行需要具备输出者、接收者、信息、沟通渠道四个元素。

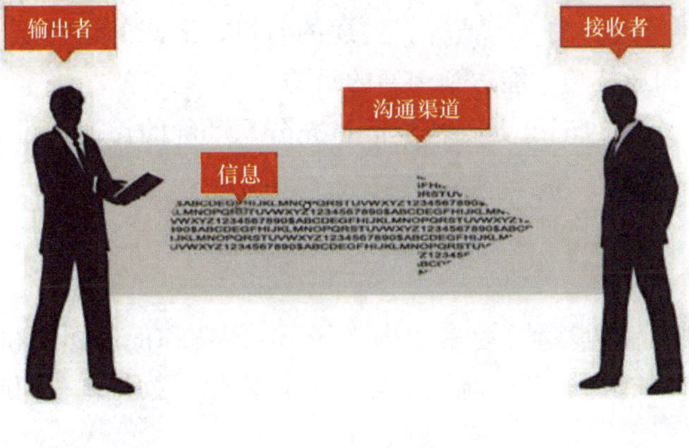

（1）沟通的前提：有明确的目标。

沟通要有一个明确的目标，这是沟通最重要的前提。所以我们在和别人沟通的时候，见面的第一句话应该说：“我这次找你的目的是……”沟通时第一句话说出此次沟通的目的，可以直达主题，更能取得沟通的成功。

（2）沟通的目的：达成共识。

沟通是否结束的标志要看是否达成了一个双方或多方认可的结果，即达成共识。在实际的工作过程中，我们经常见到大家一起沟通过后，没有达成共识就结束了沟通，最终造成工作效率的低下，又平添了许多矛盾。这种明显的“沟”而不“通”的情况普遍存在于工作中。

（3）沟通的内容：信息、思想和情感。

沟通的内容不仅仅是信息，更重要的内容是思想和情感上的沟通。思想和情感更加复杂，表达方式也多种多样，思想和情感的良好沟通与否会直接决定信息的沟通能否顺利。

（二）有效沟通的技巧

在沟通中，可以熟练运用以下技巧，从而让沟通变得更为有效。

（1）微笑。人与人之间的关系就像一面镜子，以微笑待人，也会获得他人的善待。微笑是职场沟通中最简单有效的方式，不仅可以使个人魅力得以提升，还可以营造良好、和谐的沟通环境，让沟通顺利进行。

（2）目光交流。目光交流处于人际交往沟通中的重要位置。人与人之间的交流首先是目光的交流，信息的交流以目光交流为起点，而目光交流则为信息的传递提供保障。

（3）耐心聆听。有效沟通的前提是耐心聆听。聆听所表现出的正是一种宽容、谦逊的人格，也展示了对他人的尊重。交谈时，需要用心聆听对方说话，了解对方要表达的信息，保证信息传递的充分性和准确性，促进和谐的沟通。

（4）真诚表达。沟通要从“心”开始，“精诚所至，金石为开”。唯有真诚之心才能打动人心，真诚表达是良好沟通的基础，是获得他人信任的前提，可以促进良好和谐关系的建立。

（5）传递价值。在职场中，沟通总是有一定目标的。沟通过程中传递的价值是沟通存在的前提，也是沟通的标的物。沟通不是通过聊天打发时间，职场中的沟通都是具有一定目的性的，比如解决问题、交换观点、获得资源或支持等。

（6）掌握技巧。职场沟通可以有多种方式，比如正式或非正式的谈话、各种类型的会议、文件以及 E-mail 形式的文字沟通等。沟通的时机、形式的选择是非常重要的，不同的沟通方式配以相应的沟通技巧才能达到沟通的目的。

（7）善于记录。书面的记录更有利于信息充分、准确的传递，可以让信息沟通进行得更顺畅。

二、团队沟通

团队沟通是团队合作的基础，是解决内部矛盾、问题和促进团队和谐发展的重要手段。团队沟通的内容要言之有物、有针对性，最好能具体化、数量化；同时要注意语意确切，避免含糊其辞，更不能讲空话、套话。除此之外，团队沟通还要讲究一些技巧，才能使沟通达到最好的效果。

1. 沟通的目标

沟通是一种有目标的行为，团队沟通的目标具有多层次、多样化的特点，因此沟通时应该有清晰、明确的沟通目标，如讨论项目进展、布置临时任务、汇报当前进度、申请资源支持等。拥有清晰、明确的沟通目标，能够使团队沟通更加快速、有效，有利于提高团队运转效率。

2. 沟通的态度

沟通的前提是双方互相认可，因此良好的态度是团队沟通的前提，这就要求我们在进行团队沟通时要学会换位思考，设身处地地站在对方的角度和立场去传递信息，为顺利沟通提供保障。

3. 上下级沟通

对下沟通时要坚持可执行的原则，给下级布置任务时不能模糊不清或目标过大，应将任务目标进行分解再下达，保证任务的可执行性；而对上沟通时要保证沟通目标明确、言简意赅，保证沟通的顺畅有效率。

4. 会议沟通

会议沟通的原则是必须围绕会议主题进行，会议是团队中协调工作、解决问题的重要手段和平台，因此会议的开展一定要围绕会议主题进行，即要解决的某些问题、要传递的某些信息、要达成什么样的结果等，避免会议流于形式。

5. 学会倾听

倾听是沟通行为中的核心过程，倾听能够激发对方的谈话欲望，有助于理解对方要表达的内容，从而促进更深层次的交流，达到沟通的目的。所以，一名优秀的团队成员必定是一位优秀的倾听者。

在团队沟通中，既要能积极地向别人表达自己的主张，不轻易地屈从和迁就，同时也要能认真地倾听别人所提出的与自己不同的意见和主张；既能懂得让步的艺术，又能够维护自己的尊严和利益，为了共同的团队目标求同存异，才能达到良好的沟通目的。

温馨提示

职场沟通箴言：

“我们……”

“介意吗？”

“你怎么想？”

“你做得不错！”

“我承认我错了。”

课堂互动

（1）周一，总经理告诉其秘书："你帮我查一查我们有多少人在广西分公司工作，周四的会议上董事长将会问到这一情况，我希望准备得详细一点。"于是，这位秘书打电话告诉广西分公司的经理："董事长需要一份你们公司所有工作人员的名单和档案，请准备一下，在两天内寄送至公司总部大楼。"分公司的经理又告诉其秘书："董事长需要一份我们公司所有工作人员的名单和档案，以及其他相关材料，需要尽快送到。"结果在周三早晨，四大箱航空邮件到了公司大楼。请分析在该案例中沟通上存在的问题。

（2）这天刚刚上班，网络营销部的小王就气冲冲地来到了网络服务部的办公室，对着网络服务部的小李说："你们昨天是不是升级了官网系统，原来工作的接口都用不了了，官网线上服务功能都失效了，我们整整查了一宿，怎么改了接口也不通知一下？"

小李听后不乐意了，立马翻出一封系统发的通知邮件，"看，昨天的邮件上写得清清楚楚，系统更新请做好适配，这责任还得你们自己背！"

"每天通知邮件那么多，怎么可能一一看过来！"小王不服气地说。

"那通知已经发了，你们看没看到这我也不知道，系统会不会出问题这谁也不能保证。"小李也不示弱。

……

假如你是小王（小李），你该如何与同事沟通以化解这次矛盾？

任务二　对上沟通

微课32　对上、对下及平级沟通

在职场中要面临各种人际关系，这其中主要包括和上级、平级以及下级间的沟通。

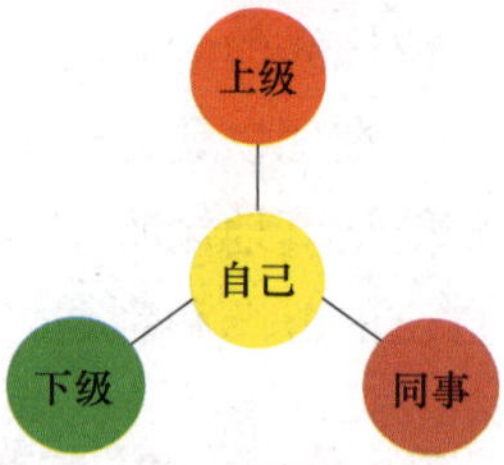

职场关系图

作为下属，只有保持与上级领导有效的沟通、产生良性的互动，方能得到有效的指导与帮助，提高自身工作效率与业绩。同时也能赢得领导和同事认可，获得更多表现和证实自己能力的机会，让大家认识到你的价值和能力。那么作为下属，该如何有效与上级进行沟通呢？

一、沟通的基本态度

良好的态度是沟通的前提，在与人沟通时要始终保持真挚、诚恳、尊敬和理解的端正态度，才能进行有效的沟通。而在与上级进行沟通时，还要注意以下几点：

1. 尊重而不吹捧

（1）充分尊重上级。

（2）维护上级权威。

（3）支持上级的工作。

（4）主动出面，勇于接触矛盾。

（5）承担责任，排忧解难。

2. 请示而不依赖

（1）不要事事请示，每次请示要有明确的目的。

（2）必要时必须请示汇报，不自作主张也不过分依赖。

（3）多换位思考，认真倾听并要做出恰当的回应。

3. 主动而不越权

（1）积极主动，经常汇报自己的工作进展情况。

（2）善于提出支持或有建设性的意见。

（3）选择合适的沟通时机与场所。

二、沟通的技巧

不同性格类型的上级往往有不同的办事风格，多换位思考，注意观察上级的言行举止，准确领会上级意图，同时运用不同的沟通技巧，才能获得满意的沟通效果。

1. 控制型领导

性格特征：果决，态度强硬，充满竞争心态，要求下属服从，旨在求胜，对琐事不感兴趣。

沟通技巧：重在简明扼要、干脆利索，不拖泥带水、不拐弯抹角，重视他的权威，称赞他的成就。

2. 互动型领导

性格特征：善于交际，喜欢互动交流，喜欢被赞美，凡事喜欢参与。

沟通技巧：和蔼友善，真心诚意赞美，多用肢体语言，开诚布公地谈问题，不私下发泄不满。

3. 实事求是型领导

性格特征：讲究逻辑，不喜欢感情用事，为人处世自有标准，追究事情的来龙去脉，理性思考，缺乏想象力，方法论的最佳实践者。

沟通技巧：谈话目标明确，直接切入实质性问题，直截了当地回答问题，汇报加入关键性的细节。

三、请示汇报的要点

每个上级都希望自己的下属能尽职尽责，能为其分忧解难、提供决策信息并有效执行工作命令。而为了实现这些目标，在与上级沟通时就必须带着解决这些问题的目的去沟通，让上级提供必要的支持；同时准备多套备选方案供上级选择，提出每种方案的结果预期，注意过程中的请示汇报。在职场中，一定不要忽视请示和汇报的作用，因为它是和上级进行沟通的主要渠道，应该把每一次请示汇报工作都做得圆满。

1. 仔细聆听工作命令

想要准确掌握上级的意图和工作的重点，需要仔细聆听上级下达的工作命令，可以采用 5W2H 法，即时间（When）、地点（Where）、执行者（Who）、为什么要做（Why）、需要做什么工作（What）、怎样做（How）、多少工作量（How many）。在上级下完命令之后，应将自己的记录进行整理，并再次简明扼要地向领导复述一遍，看是否还有遗漏或者自己没有领会的地方，并请上级加以确认。

例如，上级要求完成一项关于某公司的团体寿险计划，你可以说："总经理，我对这项工作的认识是这样的，为了增强我们公司在团体寿险市场的竞争力（Why），您希望我们寿险部门（Who）于本周五之前（When）在某公司总部（Where）和他们签订关于员工福利保险的合同（What），请您确认一下是否还有遗漏。"

2. 探讨可行性

上级下命令之后，往往会关注下属对该问题的解决方案，希望下属能够对该问题有一个大致的思路，以便在宏观上把握工作的进度。所以，在接受工作命令之后，要积极思考对策，对即将负责的工作有一个初步的认识。告诉上级初步解决方案，尤其是对于可能出现的困难要有充分的认识；对于在自己能力范围之外的困难，应该提请上级协调其他部门加以解决。

3. 拟订详细计划

尽快拟订一份工作计划，再交与上级审批。计划中应详细阐述行动方案与步骤，尤其是对于工作时间进度要给予明确的时间表，以便上级进行监控。

4. 进行中随时汇报

应该留意自己的工作进度是否和计划书一致，无论是提前还是延迟都应该及时向上级汇报，让上级知道你现在在干什么、取得了什么成效，并且及时听取上级的意见和建议。

5. 完成后及时总结

总结成功的经验和其中的不足之处，以便在下一次的工作中改进提高，同时不要忘记在总结中提及上级的正确指导和下属的辛勤工作。

案例赏析

六年前，丽丽应聘进了一家公司。当时丽丽在公司里年纪最轻、学历最高，因此总经理非常赏识她。为了报答梁总的知遇之恩，丽丽工作格外卖力，很快就成了公司的业务骨干，每次有重要的谈判，梁总都要把她带上。于是在大家心目中，丽丽是梁总跟前的红人，而丽丽自己也觉得前途一片光明。

两年后，公司的人事部经理到了退休的年龄，大家都认为丽丽是最热门的接替人选。不久，董事会的决定下来了，办公室的秘书张某被任命为新的人事部经理。得到消息后的丽丽有些想不通：为什么平时梁总经常表扬我，说有机会一定提拔我，而现在明明有现成的机会，却又给了别人？

第二天，梁总找丽丽进行了谈话。他充分肯定了丽丽的工作和能力，并说如果调她出去，一下子找不到合适的顶替人选，他就等于失去了左膀右臂。而调小张去，影响会比较小些。所以要丽丽正确对待这次人事变动。

没过多久，办公室主任又另谋高就离开了公司。这下丽丽几乎做好了走马上任的心理准备，可是公司却在这时候进了一名新职员小罗，随即又闪电般地将她任命为办公室主任。眼睁睁地看着又一次机会溜走了，丽丽的心情低落到了极点。从那时起，她对工作产生了消极情绪。

结果可想而知，情况越变越糟。不久，丽丽得知了公司打算调她到某经营部去任经理的消息。丽丽心想：经营部的经营规模那么小，而且连年亏损，调我去那里，显然是在惩罚我。丽丽想到了辞职，虽然她很舍不得这份工作。

就在丽丽彷徨无助的时候，她的父亲建议丽丽找经理谈谈，把自己的想法都跟梁总沟通一下，真正赏识你的领导哪会不给你改过的机会？如果他真的不原谅你，那说明他其实并不认可你的能力，再辞职也不迟。

最后丽丽听从了父亲的劝告，主动找到了梁总。果然就跟父亲预料的一样，梁总不仅原谅了她的任性，还真诚地对她说："丽丽啊，你在我身边工作了这么久，居然不知道我的想法？有些事情我是很难都跟你说明白的。现在我不妨告诉你，我们提拔小罗，是因为小罗手里有一些重要的客户资源能直接给公司带来订单，而且她之前也做过办公室主任，能力和经验都比你更能胜任这个岗位。年轻人嘛，碰到这种事有想法也是正常的，关键是要学会调整心态、理性对待。其实最近我们已经考虑要提拔你为业务一部的经理了，可你偏偏没能经得住考验，给不少董事留下了不够成熟的印象，所以才考虑让你到经营部去锻炼。"

那以后，丽丽调整了心态、坚定了信心，在经营部的工作干得有声有色，之后便被调回并提拔为总经理助理，三年后，又升任了公司副总经理。

课堂互动

（1）设计一份向上级请示与汇报的工作单，要求要点突出、层次清楚。

（2）请完成以下沟通方案。

沟通方案

在与上级沟通的过程中，我会使用这样的沟通方式：______________________

____

____

____

工作中遇到难题时，我打算这样请求上级的帮助：________________

____

____

____

当我和上级意见不一致时，我会这样汇报工作：________________

____

____

____

当我面对强势的上级时，我会使用这样的沟通技巧：________________

____

____

____

当上级发火时，我准备这样对上级表达自己的意见：________________

____

____

____

任务三 平级沟通

平级沟通也就是与同事之间的沟通，处理好同事关系对每一位职场人士来说都很重要。同事之间既是天然的合作者，又是潜在的竞争者，这是一种微妙的人际关系，必然会产生既渴望“合作”，又警觉“竞争”的复杂心理。因此，职场人士在与同事相处时，应特别注意沟通艺术。

一、沟通的基本要求

1. 互相尊重

受尊重是每个人的需要，也是沟通的前提。古人语：敬人者，人恒敬之。因此，职场中要想得到同事的尊重，就必须首先尊重同事的人格、尊重同事的工作和劳动成果、尊重同事在整个团队中的地位和作用。

2. 真诚待人

常言道：精诚所至，金石为开。同事之间要有效沟通，就必须消除不必要的戒备心理，乐于与同事分享自己的真实想法，襟怀坦荡，以诚相待，为沟通打下良好的基础。

3. 互谅互让

职场人士都希望有一个平和的、令人心情舒畅的工作环境。但是，同事之间由于思想认识、性格修养、观点立场等方面的差异，看问题的角度会有所不同，处理问题的思路和方法也不尽一致。面对这种差异和分歧，一方面，不要过度争论，以免激化矛盾，影响彼此之间的关系；另一方面，要通过换位思考和充分理解对方，并本着从工作出发、为全局着想的原则，求同存异，互相谦让。

4. 大局为重

同事之间由于工作关系聚集在一起，就形成了一个利益共同体，其中的每一份子都要有集体意识和大局意识。

二、沟通的技巧

1. 人格塑造

在沟通理念中，人格的培养是提高沟通效果的基础，也是人际关系中的关键因素，要把做人放在第一位。人品好、有修养的同事，大家愿意与其交往，本身就会产生吸引力、向心力，利于合作共事。

勇于奉献、乐于助人是塑造人格的重要行为，人际关系的作用是双向的，帮助别人就是帮助自己；同时要逐步形成自己做人、做事的原则，有一句话请记住："我能为你做点什么？"这是建立良好人际关系的密钥所在。

2. 重视合作

一件工作往往需要多方的协调才能做好，对自己的工作一定要一丝不苟、认真负责，不能马马虎虎、推卸责任；需要帮助时也可以向同事寻求帮助，但不可强求；对方请求帮助时，则应该尽自己所能真诚相助。对年长的同事要多学、多问、多尊重，对比自己年轻的同事则要多帮助、多鼓励，这样才能打造一个团结、文明的工作环境。

3. 相互欣赏

要学会发现同事身上的优点，并及时给予赞美、肯定，而对于一些不足之处也要给予积极的鼓励，这是良好沟通的基础。同时不要背后议论同事，要常常做"送鲜花的人"，不要做"抛人泥土的人"，如果能做到以上这些，你就能够得到同事的欣赏和认可。

4. 理解宽容

在发生误解和争执的时候，换个角度多站在他人的立场想一想，理解他人、宽容他人就是善待自己，只有这样才能创造和谐的人际关系。

5. 善于倾听

善于倾听是增加亲和力的重要因素，当同事与你沟通、向你倾诉时，一定要认真倾听，把自己的情感融入其中，成为一个合格的倾听者，这样会加深同事之间的情感联系。

6. 巧用语言

沟通的语言至关重要，应以不伤害他人为原则，多用委婉、鼓励、幽默的话语，不用强硬、排斥、呆板的语言。

7. 保持距离

在同一个工作部门，如果几个人交往过于频繁容易形成表面上的小圈子，容易让其他同事产生猜疑心理，让人产生“是不是他们又在谈论别人是非”的想法。因此，在与同事交往时，要保持适当距离，避免形成小圈子。

案例赏析

同样的事物，不同的理解

前些日子去拜访客户，在客户的公司门口有一家宠物店，小影看到宠物店中有一只小狗十分可爱，经过一番讨价还价，把小狗买了下来并带回了家。

晚上她给二姐打电话，告诉她自己买了一条博美，二姐非常高兴，马上询问狗是什么颜色、多大了、可爱吗等等。晚上，大姐打电话来询问小影最近的情况，小狗在她接电话的时候叫了起来，大姐在电话里一听到有狗在叫，就问是否很脏、是否会咬人、有没有打预防针。

同样是对于一只小狗的理解，不同人的反应却差别很大。二姐从小就喜欢狗，所以一听到狗，在她的脑海中就描绘出一幅一只可爱的小狗的影像；而大姐的反应却是关心小狗是否会给小影带来麻烦，在脑海中也会浮现出一幅又脏又凶的小狗影像。

案例点评:

看来，同样的事物，不同的人对它的认知与理解的区别是非常大的。在我们日常的谈话与沟通当中也是如此。

当你说出某句话时，你自己认为可能已经表达清楚了你的意思，但是不同的听众会有不同的反应，对其的理解可能是千差万别的，甚至会理解为相反的意思。这将大大影响我们沟通的效率与效果。

同样的事物，不同的人就有不同的理解。在我们进行沟通的时候，需要细心地去体会对方的感受，做到真正用“心”去沟通。

课堂互动

测试一下你的沟通能力：

1. 面对同事的缺点和错误时，你会怎样做？（　　）

   A. 委婉沟通，引导发现

   B. 直言相告

   C. 跟我关系不大

2. 发现同事优点或其取得好成绩时，你会怎样做？（　　）

   A. 及时赞美和祝贺

   B. 非常关心，想学习其经验

C. 羡慕

3. 当你听到同事在背后说别人坏话时，你会怎样做？（ ）

A. 不传话

B. 有时会加以制止

C. 在一定范围内告诉别人

4. 表达自己的观点时你会注意说话的语气语调吗？（ ）

A. 每次都非常注意

B. 重要场合下注意

C. 很少注意

5. 你在表达自己的观点时，会如何把握词语的使用？（ ）

A. 总能找到准确的词语

B. 偶尔找不到合适的词语

C. 经常词不达意

6. 同事对你的工作提出意见时，你是什么态度？（ ）

A. 积极沟通，找出差距

B. 接受意见，自我检查

C. 表面接受，依然我行我素

7. 你和同事出现误会时，你会怎样做？（ ）

A. 及时沟通，消除误会

B. 通过第三方沟通

C. 等对方找自己沟通

8. 当你进入一家新公司时，如何认识新同事？（ ）

A. 主动认识每个人

B. 积极认识部门里的人

C. 在工作中慢慢熟悉

评分方法:

A：3 分　　B：2 分　　C：1 分

得分指导:

18 分以上：你有良好的与同事沟通的能力。当遇到困难的时候，你总是有办法，因为你懂得如何表达自己的思想和情感，从而能够进一步获得别人的理解和支持，保持同事之间的良好关系。在现实社会中你同样可以做得很好。

12 ～ 17 分：你已经在处理问题的时候暴露出了一些不当之处。当你遇到沟通障碍的时候，也很想解决问题，但效果不佳，你还需要处理得更加灵活、得当一些。现实和理想总是有差距的，你需要继续加油。

12分以下：你需要赶紧提升自己的沟通能力。你的沟通技巧比较差，经常让人产生误会，而自己还浑然不知，从而给别人留下不好的印象，甚至无意中还会给别人造成伤害。有时你也无法准确地表达或者根本不屑表达自己的想法和观点，这可不太好。你还要加强对职场礼仪与沟通的学习。

任务四 对下沟通

经过在职场中的不断历练，相信有一天，你会凭借自己的努力得到重用和提拔，那时你就需要管理你的下级。下级即下属，作为领导者，如何调动下属的积极性、激发他们的工作热情，对于做好本职工作是非常重要的。领导好下属，关键要在尊重、公平、信任、负责、关心和平等上显示出一位领导者的修养和水平。身为领导者，不管工作多么繁忙，都要保留与下属沟通的时间。

一、沟通的原则

1. 平等交流

与下属沟通时应做到平等相待、礼遇相加，懂得维护下属的自尊。多使用肯定的、令人愉悦的沟通方式，避免经常使用命令、训斥的口吻讲话，创造一个平等的、和谐的交流环境。

2. 以问题为导向

在沟通中，要时刻注意以问题为导向，做到对事不对人。在与下属沟通时要从解决问题的角度考虑沟通策略，把关注的重点聚集在问题的发生、发展和解决过程上，而不是一味地发表对下属个人的意见和看法。

3. 多激励、少指责

每个人都希望得到别人的正面评价，鼓励和赞美下属能够让其心理得到满足，增强自信心，减少挫败感，有助于提升其工作积极性，营造和谐的沟通氛围。因此，在与下属沟通中，应多使用正激励，多鼓励、表扬，少指责、批评。有必要进行批评时也要注意技巧，多用事实性的语言，避免过多地指责下属的过错，关注的重点应该是找出失误的原因和改进的措施，这样更能赢得下属的认可和信任，从而有利于沟通的顺利进行。

4. 换位思考

多站在下属的角度考虑问题，抓住下属关注的要点，这样才容易沟通成功，从而拉进与下属之间的距离，更好地开展工作。

二、沟通的技巧

1. 提升下属接受任务的意愿

例：小王，请你把这个文件拿去复印一下。小李，请进来一下。

要点：尊重下属，用词礼貌。

2. 让下属明白工作的重要性

例：小王，这次项目投标能否成功，关系着我们今年在总公司的业绩排名，这对公司来说至关重要，希望你能竭尽全力去争取成功。

要点：委以重任，进行鼓励。

3. 给下属适当的自主权

例：小王，这次会议交给你负责，关于会议的主题、时间、地点还有预算等问题，请你做一个详细的策划方案，下个星期你选一天，我听你这方面的汇报。另外财务部门我已经协调好了，他们会给你提供必要的帮助。

要点：传递信任，适当放权，给予必要的协助。

4. 让下属及时地提出疑问

例 1：关于这个项目你还有什么意见和建议吗?

例 2：关于这一点，你的意见很好，就照你的想法去做吧!

要点：民主决策，倾听意见，积极鼓励。

5. 多鼓励和赞扬下属

例 1：小王，这个项目你完成得很好，客户都很满意，值得表扬。

例 2：小王，虽然这次会议有些地方安排得不是很好，但是餐饮和住宿的安排客户还是挺满意的，你也辛苦了，回去好好总结经验教训，我相信下次你会做得更好。

要点：多使用正向激励，多鼓励、表扬，提升下属工作积极性和信心。

温馨提示

批评下属的技巧：

预抑先扬
选择时机
就事论事
不做比较
因人而异
友好结束

课堂互动

（1）A公司是一家专业的应用系统集成商。老张在A公司工作了18年，一直做到了高级技术经理，由于他从事过多种项目工作，在公司里备受尊重，在最近被提升为项目经理。不久前，A公司获得一个1500万的合同。老张与职能经理一起为这一项目配备了现有最好的人员，他们大多数是亲密的伙伴，以前与老张一起在项目中合作过。因为老张被提升为项目经理，所以高级技术经理这一职位空缺，但是公司又难以抽调相应人选，于是，总经理招聘了一位新员工小丁，他是从公司的竞争对手那里挖过来的。小丁是软件工程博士，有10年的软件工程开发工作经验，薪水标准比老张还要高，他被委派到老张的项目中专任技术经理。

老张对小丁的工作给予了特别的关注，并提出与他会谈。然而这个会谈几乎成为老张的一言堂，完全不理会小丁的看法和意见。最后小丁质问老张为什么检查他的工作比检查项目中其他工程师的时间多得多。老张说："我不必去检查他们的工作，我了解他们的工作方式，我和他们在其他项目中一起工作过。你是新来的，我想让你了解我们这里的工作方法，这也许与你以前工作的方法不一样。"

另一次，小丁向老张表示他有一个创新的设计方案，可以使系统成本降低。老张却告诉他："尽管我没有博士头衔，我也知道这个方案没有意义，不要故作高深，要踏实做好基本的工程设计。"小邓是另一位分配到项目中的工程师，他认识老张已经6年了。在与小邓出差的过程中，小丁说他为老张对待自己的方式和态度而感到苦恼，"老张在项目中的作用，与其说是项目经理，倒不如说是软件工程师。另外，对于软件设计，我知道的比他多得多，他的软件设计方法早已经过时了。"小丁还说，他打算向职能经理反映这一情况，他要早知道是这个样子，绝不会来A公司工作。

如果你是职能经理，你将如何处理上述的矛盾。

（2）在一家外资制造企业担任生产主管的蒋清最近很心烦。企业如今处在扩张时期，管理层不停地给他们增加任务，任务指标每个月都在增加，无奈之下，他也只能将任务分摊到员工头上。但渐渐地蒋清发现，他的下属对他的每个命令都带有抵抗情绪，很多人还会怠工，导致他们部门每个月的工作任务都不能完成。上司的责怪、下属的抵制，让他的脾气日益暴躁，动不动就呵斥手下说："你们怎么这么不争气？哪像我们以前，上面怎么说就立刻怎么做，要像你们这样早被炒鱿鱼了！"但屡次发怒后的效果却不尽如人意，员工们不仅不能完成任务，反而对他投来了越来越多敌视的目光。

小组讨论：针对以上情形，你会给蒋清怎样的建议呢？

项目实训

一、案例分析

（1）"气死我了！"一回到办公室，杜尚就气愤地把手里的方案拍到了桌子上。现在网站的竞争越来越大，他手里的这个客户是花了很大力气才争取到的，经过了连续半个月的谈判和觥筹交错后，终于在前天凌晨，客户口头上答应了下单，但同时也要求杜尚在两天内拿出方案。正在兴头上的杜尚立刻赶回公司，找到了技术部门要求协助办理此事。他再三叮嘱道："这是个大单，非常着急，两天后就要交货，你们抓紧时间，要不耽误了事情就不好办了。"谁知两天后，当杜尚到技术部门拿结果时却被告之，这两天活儿太多，还没时间处理他的事情。杜尚和技术部门的同事大吵一架后，只能回头向客户赔礼道歉，但客户却以其不守信用为由终止了合作。事后，竹篮打水一场空的杜尚百思不得其解：为什么明明是公司的业务，其他人为什么都不重视，到了最后却好像成了他自己的私事一般？

如果你是杜尚，你会怎么做？

（2）财务部陈经理总会在每个月底请手下员工聚餐一顿。这天，他走到休息室想叫员工小马通知其他人晚上吃饭。快到休息室时，陈经理听到休息室里面有人在交谈，他从门缝看过去，原来是小马和销售部小李在里面。

小李对小马说："你们陈经理对你们很关心啊，我见他经常请你们吃饭。""得了吧。"小马不屑地说，"他就这么点本事笼络人心，遇到我们真正需要他关心、帮助的事情，他没一件办成的。拿上次公司办培训班的事来说，谁都知道如果能上这个培训班，工作能力会得到很大提升，升职机会也大大增加。我们部门几个人都很想去，但陈经理却一点都没察觉到，也没积极为我们争取，结果有限的几个名额让别的部门抢走了。我真的怀疑他有没有真正关心过我们。"陈经理听到此处，只好满腹委屈地躲进了自己的办公室，聚餐的心情也没有了。

根据上述案例，请指出：

案例中，上司和下属犯的错误主要有哪些？上司和下属接下来应该怎样做才能化解矛盾？

二、职场沟通能力测试

请如实回答下列问题，测试一下你的职场沟通能力。

（1）在说明自己的重要观点时，别人却不想听你说，你会（　　）。

A. 马上气愤地走开

B. 不说了

C. 等等看还有没有说的机会

D. 仔细分析对方不听的原因，找机会换一个方式再说

（2）去与一个重要的客人见面，你会（　　）。

A. 像平时一样随便穿着

B. 只要穿得不太糟就可以了

C. 换一件自己认为很合适的衣服

D. 精心打扮一下

（3）与不同身份的人讲话，你会（　　）。

A. 对身份低的人说话，你总是漫不经心

B. 对身份高的人说话，你总是有点紧张

C. 在不同的场合，你会用不同的态度与之讲话

D. 不管什么场合，你都是以一样的态度与之讲话

（4）在与人沟通前，你认为比较重要的是应该了解对方的（　　）。

A. 经济状况、社会地位　　B. 个人修养、能力水平

C. 个人习惯、家庭背景　　D. 价值观念、心理特征

（5）去参加老同学的婚礼回来，你很高兴，而你的朋友对婚礼的情况很感兴趣，这时你会（　　）。

A. 详细述说从你进门到离开时所看到和感觉到的细节

B. 说些自己认为重要的

C. 问什么就答什么

D. 感觉很累了，没什么好说的

（6）你正在主持一个重要的会议，而你的一个下属却在玩手机并发出声音干扰会议现场，这时你会（　　）。

A. 幽默地劝告下属不要玩手机　　B. 严厉地叫下属不要玩手机

C. 装没看见，任其发展　　D. 给那位下属难堪，让其下不了台

（7）你正在跟老板汇报工作，这时你的助理急匆匆跑过来说你有一个重要客户的长途电话，这时你会（　　）。

A. 说你在开会，稍后再去回电话

B. 向老板请示后，去接电话

C. 说你不在，叫助理问对方有什么事

D. 不向老板请示，直接跑去接电话

（8）你的一位下属已经连续两天下午请了事假，第三天上午快下班的时候，他又拿着请假条过来说下午要请事假，这时你会（　　）。

A. 详细询问对方因何要请假，视原因而定

B. 告诉他今天下午有一个重要的会议，不能请假

C. 你很生气，什么都没说就批准了他的请假

D. 你很生气，不理会他并且没有批假

（9）你刚到一家公司就任部门经理，上班不久，你了解到本来公司中有几个同事想就任这个部门经理的职位，老板不同意，这才招了你。对这几位同事，你会（　　）。

A. 主动认识他们，了解他们的长处，争取成为朋友

B. 不理会这个问题，努力做好自己的工作

C. 暗中打听他们，了解他们是否具有与你竞争的实力

D. 暗中打听他们，并找机会为难他们

（10）在听别人讲话时，你总是会（　　）。

A. 对别人的讲话表示兴趣，记住所讲的要点

B. 请对方说出问题的重点

C. 对方讲一些不重要的话时，你会立即打断他

D. 对方不知所云时，你就很烦躁，就去想或做别的事

评分方法:

（1）～（4）题，选 A 得 1 分，选 B 得 2 分，以此类推；（5）～（10）题，选 A 得 4 分，选 B 得 3 分，以此类推。将 10 道测验题的得分加起来，就是你的总分。

得分指导:

总分为 20 分及 20 分以下。说明你的职场沟通能力较差，必须加强这方面的学习，但是只要学会控制自己的情绪，改掉一些不良习惯，仍能获得周围人的理解和支持。

总分为 21 ～ 30 分。说明你的职场沟通能力一般，你懂得尊重他人，有一定的自控能力和表达能力，并能实现一定的沟通效果。但你缺乏高超的沟通技巧和交流主动性，因此，仍需要继续学习和锻炼，不断提高自己。

总分在 31 ～ 40 分。说明你的职场沟通能力很强，能很好地控制自己的情绪，能从容明白地表达自己的观点，有良好的沟通技巧和人际交往能力，能与人有效地进行沟通。

04

模块四

综合能力实训

项目一　礼仪风采大赛

项目说明

一、项目目标

能够根据自身的个性、气质、外形等特征及职业需要对自己的仪容、仪态、服饰等进行设计，塑造良好的个人形象。

二、开展方式

以小组为单位，依据各小组成员的特点，自拟主题进行展示。小组根据主题自行设计角色、音乐、道具、服饰等。

三、实施建议

分小组进行，每小组 6 ～ 8 人为宜，每组展示时间不超过 8 分钟。

项目实施

项目实施的整个过程可分为准备阶段、实施阶段和总结阶段。

一、准备阶段

（1）项目指导教师提前两周告之学生项目实施的目的、方式、考核标准等，组织学生进行讨论、分工并要求学生准备项目实施的必需道具。

（2）项目指导教师根据学生人数，准备适合的形体实训室或桌椅可移动的教室，如有灯光、音响设备齐全的舞台更佳。

（3）项目指导教师在项目实施前安排小组抽签决定展示的先后顺序。

二、实施阶段

（1）发放评分表，各小组按先后顺序依次进行展示。

（2）展示前由小组代表向大家说明本小组展示的主题、人物角色、构思。

（3）展示完毕，由其他小组成员进行现场点评并打分。

（4）根据各小组的展示表现，由项目指导教师和同学一起评选出各个奖项，如最佳团队奖、最佳创意奖、最佳风采奖等。

三、总结阶段

（1）项目指导教师从项目展示中对知识的掌握、礼仪的规范、整体的构思、学生的表现等方面进行总评。

（2）学生就自己在项目展示过程中的表现进行自评，并完成实训报告。

项目要求

（1）在项目准备、实施的过程中，学生应积极参与其中，体现良好的团队合作精神。

（2）有条件的可采用影音录制的方式，展示结束后可重放进行点评。

项目展示评分表

展示主题			
小组成员			
评分标准	评价内容	分值	得分
主题展示	选择的职业技能能够充分展示该行业的职业特点、精神面貌和文明成果；职业技能展示要有代表性，整体编排有创意，表演生动、自然；表演者在表演过程中真情流露，姿态优美，形象气质好，动作处理得当，现场反应良好，给人以精神和视觉上的享受	20	
仪容仪表	着装符合选择的职业要求，要有良好的妆容，给人以良好的印象，充分展示从业者的精神面貌	20	
职业风貌	具有良好的职业风貌，神情自然，端庄大方，不矫揉造作，对职业技能有深刻的认识	25	
职场语言	使用普通话，语音标准，声音洪亮，吐字清楚；语言流畅、生动，富有感染力；能通过肢体语言表达情感	15	
团结协作	有良好的团队风貌，各成员配合到位，在职业技能方面展示出较强的团队精神和合作意识	20	
总分			
评价意见	评分人签名： 时间： 年 月 日		

实训报告

项目名称：

小组成员：

我的角色：

自我评价：

他人评价：

项目总结：

项目二 接待礼仪情景模拟

项目说明

一、项目目标

本项目主要考查接待礼仪的掌握情况，包括电话礼仪、握手礼仪、介绍礼仪、名片礼仪等。通过本项目的实施，使学生能够结合职场礼仪与沟通的相关原则，以正确的接待方式进行简单的商务交往。

二、开展方式

以小组为单位，要求各小组自设职场沟通情景，进行职场接待沟通的情景模拟。

三、实施建议

分小组进行，每小组 6 ～ 8 人为宜，每组展示时间不超过 8 分钟。

项目实施

项目实施的整个过程可分为准备阶段、实施阶段和总结阶段。

一、准备阶段

（1）项目指导教师提前两周告知学生项目实施的目的、要求等，并要求学生准备项目实施必需的道具。

（2）项目指导教师根据班级学生人数，准备合适的项目开展场所。

（3）项目指导教师提前一周决定小组展示的先后顺序（可由小组间相互商定，也可抽签决定）。

（4）项目指导教师提前一周说明项目实施的基本规则和操作步骤。

（5）每个小组自定一名成员参与项目实施阶段的考核打分。

二、实施阶段

（1）发放评分表，各小组按先后顺序依次进行展示。

（2）每个小组在展示完毕后，由组长说明本小组主题情景展示中出现的接待礼仪要点，至少 5 条。

（3）项目指导教师与其他小组评判人员打分。

（4）项目指导教师与其他小组评判人员根据需要提问，提问与回答时间总计不超过 2 分钟。

（5）根据学生的具体表现，项目指导教师与小组评判成员一起评定小组成绩，一般可以有最佳设计奖、最佳表现奖、团队合作奖等。

三、总结阶段

（1）项目指导教师从知识的掌握、礼仪的规范、技巧的运用、现场的表现等方面进行总评。

（2）学生就自己在项目展示过程中的表现进行自评并完成实训报告。

项目要求

（1）场地最好选择形体实训室或桌椅可移动的教室。

（2）项目实施期间，要求学生遵守纪律，尊重指导老师，虚心求教。

（3）项目参与人员必须按时参加，不得擅自提前结束或不参与。

（4）切实做好项目安排和过程记录，对项目实施过程中出现的问题应及时汇总，下堂课进行讲解。

项目展示评分表

展示主题			
小组成员			
评分标准	评价内容	分值	得分
拜访礼仪	预约拜访、自我介绍、他人介绍、礼貌告别等	30	
交谈礼仪	问候、话题选择、表情、声音等	15	
握手礼仪	握手的顺序、姿态、时间等	20	
名片礼仪	名片递接的时间、顺序、姿态等	20	
电话礼仪	3 分钟原则、电话转接、表情、声音等	15	
总分			
评价意见	评分人签名： 时间： 年 月 日		

实训报告

项目名称：

小组成员：

设计的礼仪点：

自我评价：

他人评价：

项目总结：

项目三 新闻发布会

项目说明

一、项目目标

本项目主要考查学生对会议的筹备、方案的制订、会间服务和会后反馈等知识和技能的掌握程度，进一步了解新闻发布会的具体流程，理论联系实际，提高学生社会实践能力。

二、开展方式

以班级为单位，全班同学进行角色分配，确定秘书组、会务组、宣传组、嘉宾组、后勤组等人员组成，选举出主持人、主办方发言人、接待员、记者等。

三、实施建议

项目实施时间为一个课时，即 40 ～ 45 分钟。

项目实施

项目实施的整个过程可分为准备阶段、实施阶段和总结阶段。

一、准备阶段

（1）项目指导教师提前两周告知学生项目实施的目的、要求等，并拟定新闻发布会的主题。

（2）选择适合项目实施的教室或桌椅可移动的多媒体教室，如有音响设备、投影设备等更佳。

（3）事先布置好发布会现场，准备好 PPT、签到本、笔、讲话稿、主持人串词、程序安排表、背景音乐等。

（4）会议桌上分别标明“主持人席”“工作人员席”“记者席”“嘉宾席”，主持人和工作人员应佩戴写明姓名的胸牌。主持人、发言人还应设置标明职务的姓名牌，以便记者识别。

二、实施阶段

（1）会务组布置会场（10 分钟）。

（2）秘书组负责嘉宾签到、领取宣传资料并引导其就座（10 分钟）。

（3）主持人介绍与会嘉宾，宣布会议正式开始（3 分钟）。

（4）主办方及嘉宾致辞（10 分钟）。

（5）进入媒体互动提问环节（10 分钟）。

（6）主持人进行总结并宣布新闻发布会圆满结束（2 分钟）。

三、总结阶段

（1）将新闻发布会录像，待实训结束后，在班里播放，并组织学生进行评价。

（2）学生对项目实施过程进行点评与反思，并形成实训报告。

项目要求

（1）主持人的职责是把握会议的主题，保证不要离题太远，并要引导记者踊跃提问。遇到冷场时，可用轻松、幽默的语言活跃气氛，提高记者们提问的兴趣和勇气。

（2）要求每位发言人都以相对应的身份角色发言，每位记者都应提问。

（3）新闻媒体的名称由同学自拟，采访用的话筒、身份牌由学生自行准备。

（4）发言材料及提问根据主题情景设计，允许在此基础上做适当的延伸和扩展。

实 训 报 告

项目名称：______________________________

____

工作任务：______________________________

____

____

各小组自评：

秘书组：

会务组：

宣传组：

嘉宾组：

后勤组：

项目四　团队沟通游戏

项目说明

一、项目目标

本项目主要考查团队内部成员的沟通能力，以及成员之间的互相理解和信任。通过本项目的实施，能够让学生对团队沟通有一个真实的理解和感悟。

二、开展方式

本项目以小组为单位，选择在两个不同的空间内同时进行。

三、实施建议

将全班同学分为 A、B 两组，要求两组之间不能相互沟通。

项目实施

项目实施的整个过程可分为准备阶段、实施阶段和总结阶段。

一、准备阶段

（1）项目指导教师应根据班级学生人数，准备合适的项目开展场所。

（2）将全班同学分为 A、B 两组。

（3）每个小组要选出一个组长，选组长的方法由各组自己决定。

（4）单独选出两人充当各组的传令官，传令官每 3 分钟联络一次。传令官分别负责记录 A、B 两组每轮的成绩，传令官有通报和不通报另一个小组投票结果的权利，参与游戏的人只能听，不可以问话。

二、实施阶段

（1）游戏共有 6 个回合，在每一个回合两组成员分别投票选出红色或黑色。

（2）游戏每一回合投票一定要有结果，不可以不选。只要有一人弃权，则该小组该次投票无效，投票的有效性由传令官进行确认或否定。

（3）所选颜色以少数服从多数为原则，每轮每人只有一票的权利。

（4）每轮的票数（包括选红和黑的总票数）要求等于玩游戏的人数。

（5）当投票结果被传令官接收后，不可以再改。

（6）不可以私下交谈规则。

（7）游戏的时限为 90 分钟（时间可根据需要进行调整）。

（8）得分规则如下：如果双方都出黑牌，各得 3 分；如果有一方为红牌，另一方为黑牌，则出黑牌方得 −5 分，出红牌方得 5 分；如果双方都出红牌，各得 −3 分。游戏一定要进行六轮投票，其中第三轮得分为 2 倍，第六轮得分为 3 倍，游戏结束后累计分数高者获胜。

三、总结阶段

（1）项目指导教师就 A、B 两组的成绩及各组成员在游戏中的表现对整个项目进行总评。

（2）学生对项目实施过程进行点评与反思，并形成实训报告。

项目要求

（1）选择两个间隔的空间场地进行。

（2）游戏开始前将记分表分别贴在两个独立空间的明显位置。

颜色登记表

轮次级别	第一轮	第二轮	第三轮	第四轮	第五轮	第六轮	备注
A							
B							

分数登记表

轮次级别	第一轮	第二轮	第三轮（×2）	第四轮	第五轮	第六轮（×3）	备注
A							
B							

实 训 报 告

1. 你认为自己在游戏中很投入吗？

2. 你认为应当投什么颜色最好？

3. 你认为这个游戏的最大分数是多少？

4. 你认为谁赢了？或者说哪一组赢了？

5. 你觉得自己的小组成员在玩游戏时表现如何？

6. 你觉得自己的团队尽力了吗？

7. 你还记得游戏的目的和方法是什么吗？

8. 你得到的启示和反思：

参 考 文 献

[1] 斯静亚．职场礼仪与沟通 [M]．4 版．北京：高等教育出版社，2021.

[2] 刘焕辉．言语交际学重构 [M]．南昌：江西教育出版社，2009.

[3] 吴雨潼．职业形象设计与训练 [M]．5 版．大连：大连理工大学出版社，2018.

[4] 汪彤彤．职场礼仪 [M]．2 版．大连：大连理工大学出版社，2014.

[5] 田芳，李乐群，易涤尘．商务礼仪基础与实训教程 [M]．北京：中国传媒大学出版社，2009.

[6] 张玲．形体礼仪 [M]．武汉：华中科技大学出版社．2010.

[7] 金正昆．职场礼仪 [M]．北京：北京联合出版公司，2019.

[8] 金正昆．商务礼仪 [M]．北京：北京联合出版公司，2019.

[9] 金正昆．社交礼仪 [M]．北京：北京联合出版公司，2019.

[10] 林莹，毛永年．西餐礼仪 [M]．北京：中央编译出版社，2010.

[11] 黄琳．商务礼仪 [M]．4 版．北京：机械工业出版社，2019.

[12] 雷晶，江艳刚．旅游礼仪 [M]．2 版．武汉：武汉理工大学出版社，2017.

[13] 韦克俭．现代礼仪教程 [M]．2 版．北京：清华大学出版社，2016.

[14] 洪涛．空乘人员形体及体能训练 [M]．5 版．北京：旅游教育出版社，2020.

[15] 海英．礼仪的力量 [M]．北京：北京师范大学出版社，2011.